Mon voyage africain

Winston Churchill

Writat

Cette édition parue en 2024

ISBN : 9789359944074

Publié par
Writat
email : info@writat.com

Selon les informations que nous détenons, ce livre est dans le domaine public. Ce livre est la reproduction d'un ouvrage historique important. Alpha Editions utilise la meilleure technologie pour reproduire un travail historique de la même manière qu'il a été publié pour la première fois afin de préserver son caractère original. Toute marque ou numéro vu est laissé intentionnellement pour préserver sa vraie forme.

Contenu

PRÉFACE

En ce qui concerne la collecte d'informations, les avantages du voyage sont souvent surestimés. Tant de choses ont été écrites, tant de faits sont enregistrés sur tous les pays, même les plus éloignés, qu'une étude judicieuse et persévérante des documents existants permettrait sans aucun doute au lecteur de s'enrichir presque jusqu'à l'épuisement de ses connaissances sans quitter sa chaise. Mais pour la formation de l'opinion, pour l'éveil et l'animation de la pensée, et pour le discernement des couleurs et des proportions, les dons du voyage, en particulier du voyage à pied, sont inestimables. C'est dans le dessein et dans l'espoir d'obtenir de tels prix que j'ai entrepris l'année dernière le pèlerinage dont ces pages rendent compte. Je ne puis dire si j'ai réussi à les gagner ; et encore moins si, en cas de victoire, ils sont transférables. Je considère donc ces lettres avec un œil modeste. Ils ont été écrits principalement au cours de longs après-midi chauds ougandais, après la fin de la marche de la journée. La plus grande partie a déjà paru dans le *Strand Magazine* , et ce qui a été ajouté était nécessaire pour compléter l'histoire.

Ils présentent un récit continu du côté le plus léger de ce qui a été pour moi un voyage très délicieux et inspirant ; et c'est dans l'espoir qu'ils pourront vivifier et fortifier l'intérêt du peuple britannique pour les merveilleux domaines qu'ils ont récemment acquis dans le quart nord-est de l'Afrique, que je les offre sous une forme connexe à l'indulgence du public.

WINSTON SPENCER CHURCHILL

Londres , 1908.

CHAPITRE I

LE CHEMIN DE FER OUGANDAIS

L'aspect de Mombasa alors qu'elle s'élève de la mer et se revêt de formes et de couleurs à l'approche rapide du navire est séduisante et même délicieuse. Mais pour apprécier tous ces charmes, le voyageur doit venir du Nord. Il devrait voir les pierres chaudes de Malte, cuites et scintillantes sur une Méditerranée bleu acier. Il devrait visiter l'île de Chypre avant que les pluies d'automne n'aient ravivé le sol, alors que la plaine de Messaoria n'est qu'un vaste désert de poussière, où chaque arbre, même un buisson épineux, est un héritage et chaque goutte d'eau est un héritage. bijou. Il devrait marcher deux heures à midi dans les rues de Port-Saïd. Il devrait parcourir le long sillon rouge du canal de Suez et sillonner le creux de la mer Rouge. Il devrait passer une journée parmi les cendres d'Aden et une semaine parmi les rochers et les pierres brûlées du nord du Somaliland ; et alors, après cinq jours de pleine mer, son œil et son esprit seront prêts à saluer avec des sentiments de joie reconnaissante ces rivages d'un vert vif et exubérant. De tous côtés, la végétation est humide, tumultueuse et variée. De grands arbres, vêtus d'un feuillage dense, enveloppés de lianes, jaillissant de massifs de verdure, se faufilaient dans les sous-bois ; des palmiers entrelacés par des remorques fleuries ; toutes sortes de plantes tropicales qui vivent de la pluie et du soleil ; de hautes herbes ondulantes, des taches brillantes de bougainvilliers violets et, au milieu, parsemées, gardant à peine la tête au-dessus du flot fertile de la nature, les maisons aux toits rouges de la ville et du port de Mombasa.

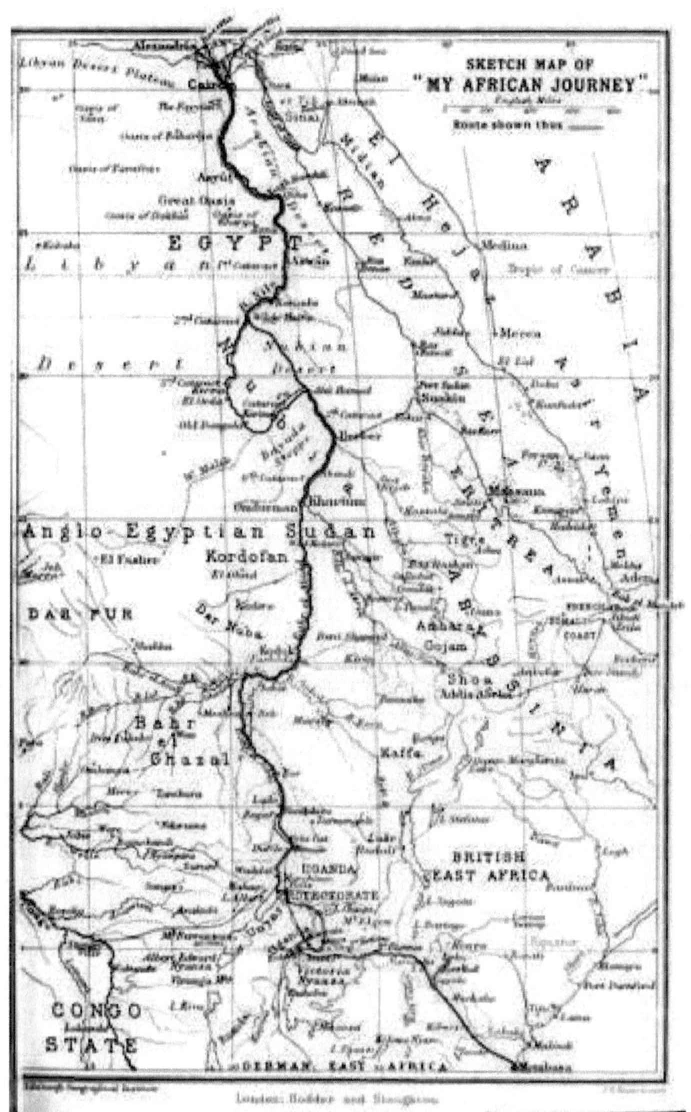

CARTE CROQUIS DE "MON VOYAGE AFRICAIN"

Le navire suit un chenal qui serpente entre de hautes falaises et trouve un mouillage sûr, enclavé, dans quarante pieds d'eau, à un jet de pierre du rivage. Nous voici arrivés à la porte de l'Afrique orientale britannique ; et plus encore, à la sortie et au débouché de tout le commerce de tous les pays qui baignent les lacs Victoria et Albert et les sources du Nil. Le long de la jetée en construction à Kilindini, le port de l'île de Mombasa, doit circuler, du moins pendant de nombreuses années, le principal courant du commerce de l'Afrique orientale et centrale. Quels que soient les produits que le gouvernement et l'entreprise civilisés tireront des immenses territoires compris entre le sud de l'Abyssinie et le lac Tanganyika, entre le lac Rudolf et Ruenzori, aussi loin à l'ouest que les cours supérieurs du Congo, aussi loin au nord que l'enclave du Lado ; quels que soient les besoins et les demandes des nombreuses populations comprises dans ces limites, c'est le long de la modeste jetée de Kilindini que doit passer tout le trafic.

Car Kilindini (ou Mombasa, comme je peux l'appeler) est le point de départ de l'un des chemins de fer les plus romantiques et les plus merveilleux du monde. Les deux bandes de fer qui serpentent parmi les collines et les feuillages de l'île de Mombasa ne rompent leur douce monotonie que lorsqu'après avoir percé les forêts équatoriales, s'être étendues à travers d'immenses prairies et grimper presque jusqu'au niveau de la limite des neiges européennes, elles s'arrêtent. — et cela seulement pour un temps — sur les bords du Grand Lac. Ainsi est créée une route sûre et rapide par laquelle l'homme blanc et tout ce qu'il apporte avec lui, pour le meilleur ou pour le pire, peuvent pénétrer au cœur de l'Afrique aussi facilement et en toute sécurité qu'il peut voyager de Londres à Vienne.

La vie du chemin de fer ougandais a été courte, avec ses nombreuses vicissitudes. Entreprise aventureuse d'un gouvernement libéral, elle fut bientôt exposée, désavouée, aux critiques impitoyables de ses parents. Adopté comme un enfant trouvé par le parti conservateur, il a failli périr à cause d'une mauvaise gestion entre ses mains. Près de dix mille livres par mile ont été dépensées pour sa construction ; et toutes les parties étaient si désireuses d'en finir avec lui et ses dépenses que, au lieu de poursuivre sa route normale et naturelle à travers le plateau jusqu'aux eaux profondes de Port Victoria, il tomba en chemin dans le golfe peu profond de Kavirondo, chanceux d'être jusqu'à présent. Il est facile de censurer, il est impossible de ne pas critiquer les erreurs administratives et les erreurs de calcul qui ont terni et presque gâché une brillante conception. Mais il est encore plus facile, lorsqu'on traverse en quarante-huit heures des pays qui, il y a dix ans, auraient déjoué les pénibles marches de plusieurs semaines, de sous-estimer les difficultés dans lesquelles une ignorance inévitable et des conditions étonnantes ont plongé les pionniers. L'art britannique de « se débrouiller » est ici vu dans l'une de ses plus belles expositions. À travers tout – à travers les forêts, à travers les ravins, à travers les troupes de lions en maraude, à travers la famine, à travers la guerre, à travers cinq années de débats parlementaires excoriants, le chemin de fer a été embrouillé et parcouru ; et voilà qu'elle est enfin parvenue, d'une manière plus ou moins efficace, à son but. D'autres pays projettent des chemins de fer centrafricains avec autant de légèreté et de facilité qu'ils élaborent des programmes navals ; mais voici un chemin de fer, comme la flotte britannique, « en train d'exister » – non pas un plan papier ou un rêve aérien, mais une réalité de fer se déplaçant à travers la jungle et la plaine, réveillant de ses sifflets les silences du Nyanza et surprenant les tribus sortent de leur nudité primordiale avec des pièces « Americani » *fabriquées dans le Lancashire* .

Alors, sans attendre à Mombasa plus longtemps qu'il n'est nécessaire pour lui souhaiter bonne chance et admirer la fertilité et les promesses de la région côtière, remontons ce chemin de fer de la mer au lac. Et d'abord, quelle route ! Tout est dans l'ordre de la tarte aux pommes. La voie est lissée, désherbée et ballastée comme s'il s'agissait du Londres et du Nord-Ouest. Chaque poste télégraphique a son numéro ; chaque kilomètre, chaque centaine de mètres, chaque changement de pente a sa marque ; non pas en bois tendre, pour nourrir la fourmi blanche, mais en fer dur et bien peint. Un travail constant a constamment amélioré les pentes et les courbes de la voie permanente, et le train, un de ces trains indiens confortables et pratiques, roule aussi régulièrement que sur une ligne européenne.

Il ne faut pas non plus supposer que ce niveau élevé d'entretien n'est pas justifié par la situation financière actuelle de la ligne. Le chemin de fer ougandais est déjà en train de faire ce à quoi on ne s'attendait pas à ce qu'il fasse dans un délai raisonnable. Il paye sa place. Elle commence à générer un profit – quoique modeste – sur sa charge en capital. Conçu uniquement comme un chemin de fer politique pour atteindre l'Ouganda et assurer la prédominance britannique sur le Haut Nil, il a déjà acquis une valeur commerciale. Au lieu des déficits annuels des dépenses de fonctionnement qui étaient régulièrement anticipés par les plus compétents pour juger, il y a déjà un bénéfice substantiel de près de quatre-vingt mille livres par an. Et ce n'est qu'un début, et un début imparfait ; car à l'heure actuelle, la ligne n'est qu'un tronc, sans ses branches et ses mangeoires nécessaires, sans sa tête en eau profonde à Kilindini, sans toute son histoire de bateaux à vapeur sur le lac ; surtout sans son prolongement naturel et nécessaire à l'Albert Nyanza.

SUR LE COW-CATCHER.
(M. Currie, M. Marsh, le colonel Wilson, Sir J. Hayes-Sadler, M. Churchill.)

Nous pouvons diviser le voyage en quatre étapes principales : les jungles, les plaines, les montagnes et le lac, car le lac est une partie essentielle du chemin de fer et une extension naturelle et peu coûteuse de sa longueur. Tôt le matin, nous partons donc de la gare de Mombasa, en prenant place sur un siège de jardin ordinaire fixé au attrape-vaches du moteur, d'où l'on peut voir tout le pays. Pendant un quart d'heure, nous sommes encore sur l'île de Mombasa, puis le train, traversant le canal intermédiaire par un long pont de fer, s'adresse sérieusement au continent africain. Dans ces vastes régions, la ligne serpente avec persévérance sur une pente raide, et la terre se déroule crête après crête et vallée après vallée, jusqu'à bientôt, avec un regard d'adieu à la mer et aux sommets de combat du navire de Sa Majesté *Vénus* se levant. étrangement au milieu des palmiers, nous sommes embrassés et engloutis complètement. Toute la journée, le train monte et se dirige vers l'ouest, à travers un terrain accidenté et vallonné, recouvert et encombré d'une végétation surabondante. De beaux oiseaux et papillons volent d'arbre en arbre et de fleur en fleur. Des gorges profondes et découpées, remplies de ruisseaux en crue, s'ouvrent bien en dessous de nous à travers des clairières de palmiers et d'arbres couverts de plantes grimpantes. Ici et là, à des intervalles de plus en plus courts d'année en année, se trouvent des plantations de caoutchouc, de fibres et de coton, début de ces réserves inépuisables qui répondront un jour à la demande encore inmesurée de l'Europe pour ces denrées indispensables. Tous les quelques kilomètres se trouvent de petites stations de réglage, avec leurs réservoirs d'eau, leurs signaux, leurs guichets et leurs parterres de fleurs complets et tous semblables, soutenus par un buisson impénétrable. En bref, un mince fil de civilisation scientifique, d'ordre, d'autorité et d'arrangement, tracé à travers le chaos primitif du monde.

Le soir, un air plus frais et plus vif souffle. Les terres humides de la côte, avec leurs gloires et leurs fièvres, ont été laissées pour compte. A quatre mille pieds d'altitude, nous commençons à rire de l'équateur. La jungle devient forêt, non moins luxuriante, mais de caractère nettement différent. L'olivier remplace le palmier. L'aspect tout entier du pays est plus convivial, plus familier et non moins fertile. Après la gare de Makindu, la forêt cesse. Le voyageur entre dans une région d'herbe. D'immenses champs de pâturages verts, flétris et blanchis à cette saison en attendant les pluies, entrecoupés de ruisseaux et de cours d'eau densément boisés d'arbres sombres ressemblant à des sapins et de broussailles ressemblant à des ajoncs, et soulagés par des falaises et des crêtes audacieuses et dressées, constituent le nouveau panorama. Et voici le spectacle merveilleux et unique que le chemin de fer de l'Ouganda offre à l'Européen. *Les plaines sont peuplées d'animaux sauvages.* Depuis les fenêtres de la voiture, on voit s'ébattre tout le jardin zoologique. Des troupeaux d'antilopes et de gazelles, des troupes de zèbres, parfois quatre ou cinq cents ensemble, regardent passer le train avec une assurance placide, ou détalent cent mètres plus loin et font demi-tour. Beaucoup sont assez proches de la ligne. Avec des jumelles, on voit que c'est partout pareil et on distingue de longues files de gnous noirs et des troupeaux de kongoni rouges — le bubale d'Afrique du Sud — et des autruches sauvages marchant tranquillement par deux ou trois, et toutes sortes de petits cerfs. et des gazelles. Les zèbres se rapprochent suffisamment pour que leurs rayures soient admirées à l'œil nu.

Nous sommes arrivés à Simba, « la Place des Lions », et il n'y a aucune raison pour que les passagers n'en voient pas un, voire une demi-douzaine, traversant la plaine, respectueusement observés par des bêtes de moindre importance. En effet, dans les premiers jours, il était d'usage de s'arrêter et de faire une sortie sur la vermine royale chaque fois qu'on la rencontrait, et de nombreux lions ramenés triomphalement à l'offre devant le garde, le conducteur ou quiconque pouvait penser. des horaires ou du système de blocs, ou des autres restrictions gênantes d'un service régulier. Plus loin sur la ligne, au crépuscule de la soirée, nous avons vu, à moins de cent mètres de nous, une douzaine de girafes se prélassant parmi des arbres épars, et à Nakuru, six lions jaunes marchaient tranquillement sur les rails en plein jour. Seul le rhinocéros est absent, ou rarement vu, et après qu'un de ses espèces ait mesuré, sans succès, sa force à celle d'un moteur, il s'est confiné avec tristesse dans les lits des rivières et dans les solitudes tranquilles qui, à une distance de deux ou trois trois miles, partout engloutissent le chemin de fer de l'Ouganda.

Notre voiture s'est arrêtée sur une voie d'évitement de la gare de Simba pendant trois jours, afin que nous puissions examiner de plus près la faune locale. L'une des meilleures façons de tirer sur le gibier dans cette partie du monde, et certainement la plus simple, est de prendre un chariot et de courir le long de la ligne. Les animaux sont tellement habitués au passage des trains et des indigènes le long de l'unique grande route qu'ils n'y prêtent généralement pas beaucoup d'attention, à moins que le train ou le chariot ne s'arrête, lorsque leurs soupçons sont immédiatement éveillés. Les sportifs doivent donc s'éclipser sans permettre au véhicule ni au reste du groupe de s'arrêter, même pour un instant ; et de cette façon, il se trouvera fréquemment à moins de deux cent cinquante ou trois cents mètres de sa proie, alors que le résultat sera déterminé uniquement par son habileté, ou son manque d'habileté, avec le fusil.

Il existe une autre méthode, que nous avons essayée le deuxième jour dans l'espoir de trouver un cobe d'eau, c'est de rôder parmi les arbres et les broussailles du lit de la rivière. En quelques minutes, on peut s'enfoncer dans la forêt la plus sauvage et la plus sauvage. L'air devient calme et chaud. Le soleil semble en un instant affirmer sa juste prérogative. La chaleur scintille sur les espaces ouverts de sable sec et les flaques d'eau. Des herbes hautes, d'énormes rochers, une végétation enchevêtrée, une multitude de buissons épineux gênent la marche, et le sol lui-même est escarpé et creusé par les pluies en formations les plus étranges. Autour de vous, à hauteur de poitrine, à hauteur d'épaule, au-dessus de votre tête, s'élève la jungle africaine. Il y a un silence maussade, interrompu seulement par le cri d'un oiseau ou l'aboiement grondant des babouins et le craquement de ses propres pieds sur le sol en ruine. Nous entrons dans le repaire des bêtes sauvages ; leurs traces, leurs traces, les restes de leurs repas, se découvrent facilement et fréquemment. Ici un lion est passé depuis le matin. Il y a certainement eu un rhinocéros dans l'heure, peut-être dans les dix minutes. Nous rampons et parcourons les sentiers du jeu, anxieux, les fusils à pleine puissance, sans savoir ce que chaque virage ou chaque pas peut révéler. Le vent, quand il souffle, souffle par intermittence, tantôt d'un côté, tantôt de là ; de sorte qu'on ne peut jamais être sûr qu'il ne trahira pas l'intrus dans ces sinistres domaines à la bête qu'il cherche, ou à quelque autre, moins bienvenue, avant qu'il ne l'ait aperçu. Enfin, après deux heures de bousculade, nous ressortons essoufflés, comme d'un autre monde, à moitié étonnés de nous trouver à moins d'un quart de mille de la voie ferrée, avec son chariot, son déjeuner, son soda, sa glace, etc.

LE RHINOCÉROS À SIMBA.

Mais si l'on veut chercher le rhinocéros dans ses pâturages ouverts, il faut aller plus loin ; C'est pourquoi nous partîmes le lendemain matin, alors que les étoiles brillaient encore, pour parcourir les crêtes et les collines qui fermaient la voie ferrée et admirer les plaines et les vallées plus éloignées au-delà. L'herbe pousse haut sur un sol alvéolé de trous et encombré de rochers de lave, et il faisait jour lorsque nous nous sommes dirigés en trébuchant vers un éperon offrant une large vue. Ici nous nous arrêtâmes pour scruter le pays à la jumelle et chasser les tiques, insectes détestables qui infestent tous les lieux du gibier en essaims innombrables, prêts à répandre n'importe quel venin parmi le bétail des fermiers. Le verre ne révélait rien d'important. On voyait des zèbres, des gnous et des kongoni en troupes et en troupeaux, dispersés de près et de loin dans les plaines, mais jamais de rhinocéros ! Nous avons donc continué péniblement, avec l'intention de faire un large cercle. Pendant une heure, nous n'avons rien trouvé, puis, alors que nous pensions rentrer chez nous avant que le soleil n'atteigne sa pleine puissance, trois beaux oryx, une grande antilope de couleur sombre avec de très longues cornes ondulées, ont marché sur le front suivant. leur chemin vers l'eau. Aussitôt nous nous lançâmes à leur poursuite, accroupis et rampant le long de la vallée, dans l'espoir de les intercepter au bord du ruisseau. Deux d'entre eux sont passés en toute sécurité avant que nous puissions atteindre notre point. Le troisième, nous voyant, fit demi-tour et disparut par-dessus la colline, où, un quart d'heure plus tard, il fut traqué et blessé.

C'est toujours la bête blessée qui entraîne le chasseur dans les aventures. Jusqu'à ce que la proie soit atteinte, chacun marche délicatement, évite d'aller du côté au vent des couvertures inexplorées, contourne prudemment une roselière, remarque un arbre commode, regarde souvent de côté et d'autre.

Mais une fois que le prix est presque à portée de main, vous vous précipitez après lui aussi vite que vos jambes vous le permettent, et ne vous souciez jamais des éventualités plus lointaines, quelles qu'elles soient. Notre oryx nous conduisit sur un kilomètre ou plus sur des pentes rocheuses, toujours prometteuses et ne nous laissant jamais de bonnes chances de tirer, jusqu'à ce qu'enfin il nous entraîne autour de l'épaule d'une colline - et là, brusquement, se trouvait le rhinocéros. L'impression était extraordinaire. Une vaste plaine d'herbe blanche et desséchée s'étendait jusqu'à de basses collines brisées de rochers. Le rhinocéros se dressait au milieu de cette plaine, à environ cinq cents mètres, avec une silhouette noire de jais ; pas du tout un animal du XXe siècle, mais un étrange et sinistre traînard de l'âge de pierre. Il broutait tranquillement, et au-dessus de lui le vaste dôme de neige du Kilimandjaro se dressait dans l'air clair du matin pour compléter une scène inchangée depuis l'aube du monde.

La manière de tuer un rhinocéros en plein air est grossièrement simple. Il est généralement judicieux de choisir le quartier d'un bon arbre, *où l'on peut le trouver*, comme centre de la rencontre. Si aucun arbre n'est disponible, vous vous approchez le plus près possible de lui de n'importe quel côté sauf celui au vent, puis vous lui tirez une balle dans la tête ou dans le cœur. Si vous touchez un point vital, comme cela arrive parfois, il tombe. Si vous le frappez ailleurs, il charge aveuglément et furieusement dans votre direction, et vous lui tirez à nouveau dessus, ou pas, selon le cas.

En gardant tout cela à l'esprit, nous avons commencé à nous battre contre Behemoth. Nous avions avancé d'environ deux cents mètres vers lui, lorsqu'un cri d'un des indigènes nous arrêta. Nous avons regardé brusquement vers la droite. Là, à moins de cent cinquante pas, à l'ombre de quelques petits arbres, se tenaient deux autres monstres. En quelques pas de plus, nous aurions altéré leur vent et les aurions fait remonter avec précipitation ; et supposons que cela se soit produit, alors que peut-être nous étions déjà compromis avec notre premier ami, et que nous l'avions blessé et furieux entre nos mains ! Heureusement averti à temps, reculer jusqu'au flanc de la colline, contourner sa crête et émerger à cent vingt mètres de ce nouvel objectif fut le travail de quelques minutes. Nous convenons précipitamment de tuer l'un avant de toucher l'autre. À une telle distance, il est facile d'atteindre une cible aussi grande ; mais la cible est petite. J'ai tiré. Le bruit sourd d'une balle qui frappait avec un impact d'une tonne et quart, déchirant la peau, les muscles et les os avec l'énergie hideuse de la cordite, revint distinctement. Le grand rhinocéros tressaillit, trébucha, se tourna droit vers le bruit et le coup, puis se précipita droit sur nous dans un trot particulier, presque aussi rapide que le galop d'un cheval, avec une activité surprenante chez une bête aussi énorme, et un instinct avec une émotion indubitable. but.

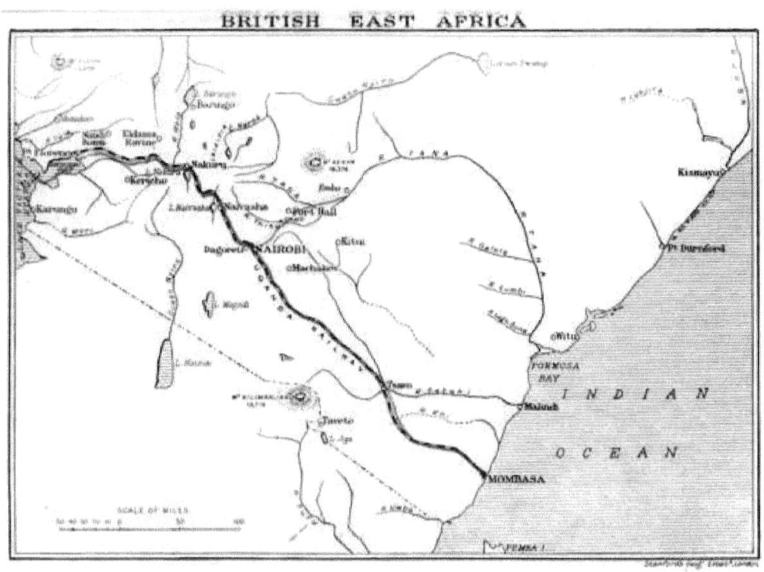

AFRIQUE DE L'EST BRITANNIQUE
Stanford's Geog ʳ. Établir . Londres.

L'effet moral d'un ennemi qui avance est grand. Tout le monde a tiré. Pourtant la lourde brute avançait, comme s'il était invulnérable ; comme s'il était une machine ou une grande barge à vapeur insensible aux balles, insensible à la douleur et à la peur. Encore trente secondes et il fermera. Un rideau impalpable semble s'enrouler dans l'esprit, révélant une image mentale étrangement éclairée et pourtant très immobile, où les objets ont de nouvelles valeurs, et où un carré d'herbe blanche au premier plan, à quatre ou cinq mètres, semble posséder signification étonnante. C'est là que doivent être tirés les deux derniers coups qui restent avant que les ressources de la civilisation ne soient épuisées. Il est temps de réfléchir avec un certain détachement au fait qu'après tout, nous étions les agresseurs ; c'est nous qui avons forcé le conflit par une attaque non provoquée avec une intention meurtrière contre un herbivore pacifique ; que s'il existe quelque chose de bien et de mal entre l'homme et la bête — et qui dira qu'il n'y en a pas ? — le droit est clairement de son côté ; il y a du temps pour cela avant que je m'aperçoive que, abasourdi et abasourdi par les effroyables commotions des armes à feu modernes, il a fait un écart brusque vers la droite et se dirige maintenant vers notre front, de travers, au même trot rapide. Encore des tirs, et pendant que je recharge, quelqu'un dit qu'il est à terre, et je tire à la place sur son plus petit compagnon, déjà à quelque distance dans la plaine. Mais une chasse au rhinocéros est semblable à une autre, sauf dans ses détails, et je n'occuperai pas le lecteur avec le récit de cette nouvelle poursuite et de cette mort. Qu'il suffise de dire que, dans tous les éléments de l'expérience névrotique, une telle rencontre me semble tout à fait égale à une escarmouche rapide d'une demi-heure à six ou sept cents mètres – et avec un ajout important. Dans la guerre, il y a une cause, il y a un devoir, il y a un espoir de gloire, car qui peut dire ce qui ne peut être gagné avant la nuit ? Mais ici, au fond, il n'y a qu'une peau, une corne et une carcasse, sur lesquelles les vautours ont déjà commencé à tourner.

CHAPITRE II

AUTOUR DU MONT KENYA

La ville de Nairobi, la capitale du protectorat de l'Afrique de l'Est, se dresse au pied de collines boisées, au trois cent vingt-septième mille de la voie ferrée. Initialement choisi comme endroit pratique pour rassembler les vastes dépôts et magasins nécessaires à la construction et à l'entretien du chemin de fer, il ne bénéficie d'aucun avantage en tant que site résidentiel. Le terrain sur lequel la ville est bâtie est bas et marécageux. L'approvisionnement en eau est indifférent et la situation généralement malsaine. Un mille plus loin, cependant, sur le terrain surélevé, une position plus belle aurait pu être trouvée, et ce quartier est déjà peu occupé par des bâtiments gouvernementaux, des hôpitaux et des casernes. Il est désormais trop tard pour changer, et le manque de prévoyance et de vision globale laisse une empreinte permanente sur le visage d'un nouveau pays.

Notre train traverse les plaines d'Athi, peut-être plus peuplées de gibier que toute autre partie de la ligne, et s'approche rapidement des longues rangées de maisons en tôle à un étage qui constituent la ville. Nairobi est une township sud-africaine typique. Ce pourrait être Pietermaritzburg ou Ladysmith d'il y a vingt ans, avant que les gommiers bleus et les bâtiments en pierre ne poussent et ne se multiplient. Dans son stade actuel, c'est peut-être ce qui ressemble le plus à Buluwayo. La population est également sud-africaine par son caractère et ses proportions. Il y a cinq cent quatre-vingts Blancs, trois mille cent Indiens et dix mille cinq cent cinquante Africains indigènes. Les magasins et les magasins sont cependant beaucoup plus considérables que ces chiffres ne semblent le justifier, et sont pleinement capables de répondre aux besoins variés des colons et des planteurs sur une vaste zone. Nairobi est également le quartier général d'une brigade des King's African Rifles, le bureau central et le dépôt de l'Uganda Railway, et le siège de l'administration, avec son nombreux *personnel officiel* . Le dîner de l'Association des colons, auquel j'étais invité, offrit le spectacle familier, mais non négligeable en Afrique centrale, de longues rangées de messieurs en tenue de soirée ; tandis que le bal donné par le gouverneur pour célébrer l'anniversaire du roi révélait une compagnie gaie d'uniformes et de dames en jolies robes, rassemblées dans un endroit où, dix ans à peine auparavant, les lions chassaient sans être dérangés.

GARDE D'HONNEUR, KING'S AFRICAN RIFLES.

Chaque homme blanc de Nairobi est un homme politique ; et la plupart d'entre eux sont des dirigeants de partis. On aurait peine à croire qu'un centre aussi nouveau puisse développer tant d'intérêts divergents et contradictoires, ou qu'une communauté si petite soit capable de donner à chacun une expression aussi vigoureuse et même véhémente. Il existe déjà en miniature tous les éléments d'une vive discorde politique et raciale, tous les éléments d'un débat brûlant et acrimonieux. L'homme blanc *contre* le noir ; l'Indien *contre* les deux ; le colon contre le planteur ; la ville contrastait avec la campagne ; la classe officielle contre la classe officieuse ; la côte et les hauts plateaux ; l'administration ferroviaire et le Protectorat en général ; les King's African Rifles et la police du protectorat d'Afrique de l'Est ; tous ces différents points de vue, surgissant naturellement, honnêtement adoptés, tenus avec ténacité et non encore réconciliés dans une conception générale harmonieuse, confrontent le visiteur dans un désarroi perplexe. Il ne serait pas non plus sage de choisir son rôle avec précipitation. Il vaut mieux voir quelque chose du pays, de sa qualité et de son étendue, de ses promesses et de ses forfaits, de ses réalités et de ses illusions, avant d'essayer de se faire une opinion, même provisoire.

Le sommet enneigé du mont Kenya, à une centaine de kilomètres de là, peut être facilement aperçu par une matinée claire depuis les pentes au-dessus de Nairobi : un sommet pointu et dentelé veiné de blanc brillant. Une route – praticable, bien que non goudronnée, pour les chariots et même les automobiles – passe par Fort Hall et traverse la rivière Tana. Sur le chemin, il y a beaucoup à voir. Une région sauvage, déchiquetée, mais fertile, gonflée d'ondulations successives et coupée de nombreuses gorges dont les ruisseaux sont ombragés de beaux arbres, se dévoile aux yeux. Dispersés sur de vastes domaines de plusieurs milliers d'acres se trouvent une vingtaine ou deux de colons, chacun s'installant progressivement et gagnant sa vie à sa manière. On élève des actions ; un autre plante du café, qui pousse avec une telle exubérance dans ce sol généreux qu'il menace de l'épuisement prochain de la plante. Voici des autruches, des moutons et du bétail se tenant tranquillement ensemble en un seul troupeau sous la garde d'un enfant autochtone de onze ans. Il y a une ferme laitière complète, admirablement équipée. L'un des cours d'eau a été efficacement endigué et des turbines sont déjà en place pour éclairer Nairobi avec de l'électricité. Au bord d'un autre, on parle de construire un hôtel.

PANNE EN ROUTE VERS LE CAMP THIKA.

À un endroit, j'ai trouvé une famille de bonnes personnes de Hightown, Manchester, aux prises avec courage avec un énorme terrain de dix mille acres. A proximité, un vieux Boer, qui a parcouru toute l'Afrique pour éviter le drapeau britannique, est assis tranquillement en train de fumer près de sa maison en herbe, enfin réconcilié avec la domination britannique par quelques mois d'expérience de gouvernement paternel dans un protectorat voisin. Il a peu de bétail et moins d'argent, mais il a des opinions bien arrêtées sur le sort des lions ; là, en outre, se dresse le lourd chariot incliné du Grand Trek — une arche de refuge quand tout le reste échoue ; et pour le reste, il y a beaucoup de gibier, peu de monde, et la famille s'agrandit d'année en année. Bref, on voit une population clairsemée et hétérogène engagée dans des travaux variés ; mais partout un travail acharné, des ressources limitées, des espoirs persistant à travers de nombreuses déceptions, des cœurs vaillants et hospitaliers et des débuts, en tout cas, de progrès.

Un camp m'a été préparé dans un très bel endroit à la jonction des rivières Chania et Thika. Des tentes sont dressées et des abris en herbe sont érigés dans une prairie lisse. Vers le sud, à une centaine de mètres, une belle cascade plonge sur d'énormes rochers au milieu de grands arbres entrelacés. Le rugissement sourd d'un autre s'élève d'un profond ravin à égale distance au nord ; et le Philistin calcule, en fronçant les sourcils, quatre mille chevaux-vapeur qui se dépensent en pittoresque.

Rien n'inquiète plus sincèrement le colon d'Afrique de l'Est que le fait que son hôte n'aurait pas dû recevoir un lion. La connaissance s'attaque à son esprit jusqu'à devenir une véritable obsession. Il sent que de profonds reproches sont faits à sa propre hospitalité et à la réputation de son pays d'adoption. Comment trouver, et, après avoir trouvé, tuer un lion, tel est le thème constant de la conversation ; et chaque lieu et chaque voyage est jugé selon un critère simple : « des lions ou pas de lions ». Au camp de Thika donc, plusieurs messieurs, accomplis dans ce sport important, se sont réunis avec des poneys, des fusils, des Somalis et tous les autres accessoires. Certains zèbres et kongoni ont été tués et laissés couchés dans des endroits susceptibles d'attirer les lions ; et à 4 heures du matin, beau temps, mauvais temps, nous devons aller les chercher.

SOIRÉE DE TIR AU CAMP DE THIKA.
De gauche à droite : le capitaine. Sadler, le major Riddell, M. Marsh, le marquis Gandolfi-Hornyold, l'hon. K. Dundas, M. Percival, M. Churchill, M. DJ Wilson.

Le jeune Anglais, qu'il soit officier ou colon des hauts plateaux d'Afrique de l'Est, a une silhouette robuste. Ses vêtements sont rares : un chapeau de soleil, une chemise en flanelle marron avec des manches coupées au-dessus du coude et ouvertes sur la poitrine, une paire de fines culottes kaki coupées courtes à cinq pouces – *au moins* – au-dessus du genou, des bottes et un une paire de mastics constitue toute la tenue vestimentaire. Rien d'autre n'est porté. La peau, exposée au soleil, aux épines et aux insectes, devient presque aussi foncée que celle des indigènes, et si durcie, que ce n'est rien de monter toute la journée les genoux nus sur la selle ; une discipline véritablement spartiate dont au moins le visiteur peut être dispensé.

C'est ainsi qu'ils chassent les lions. Trouvez d'abord le lion, attiré vers une mise à mort, chassé d'une roselière ou d'ailleurs lancé incontinent. Une fois vu, il ne faut jamais le perdre de vue un seul instant. Montés sur des poneys d'une fidélité plus ou moins approuvée, trois ou quatre audacieux Britanniques ou Somaliens galopent après lui, comme dans l'Inde on chevauche le cochon, c'est-à-dire, le cou ou rien, à travers les rochers, les trous, les touffes, les nullahs, à travers les herbes hautes. , broussaille d'épines, sous-bois, le retournant, le guidant, le dirigeant d'un côté à l'autre jusqu'à ce qu'il soit mis aux abois. Le lion, lui, n'est pas en quête de querelles ; il est souvent décrit avec des accents de mépris. Son objectif est toujours de sauver sa peau. Si, sans armes, vous rencontrez à l'improviste six ou sept lions, il vous suffira, d'après mes informations, de leur parler sévèrement et ils s'enfuiront, tandis que vous leur lancerez quelques pierres pour les presser. Toutes les plus hautes autorités le recommandent.

Mais lorsqu'il est poursuivi d'un endroit à l'autre, poursuivi ici et là par les cavaliers sur roues, le caractère naturellement doux du lion devient amer. D'abord, il commence à grogner et à rugir contre ses ennemis, afin de les terrifier et de les faire quitter en paix. Puis il leur lance de petites charges courtes. Finalement, lorsque toutes les tentatives de persuasion pacifique ont échoué, il s'arrête brusquement et propose la bataille. Une fois cela fait, il ne courra plus. Il veut se battre, et se battre jusqu'à la mort. Il veut rentrer chez lui ; et lorsqu'un lion, affolé par l'agonie d'une blessure par balle, affligé par une longue et dure poursuite, ou, surtout, une lionne défendant ses petits, est définitivement engagé dans la charge, la mort est la seule conclusion possible. Des membres cassés, des mâchoires cassées, un corps ratissé d'un bout à l'autre, des poumons transpercés de part en part, des entrailles déchirées et saillantes, rien de tout cela ne compte. Ce doit être la mort – instantanée et totale – car le lion, ou l'homme s'effondre, mutilé par des griffes septiques et des dents fétides, écrasé et croqué, puis empoisonné pour être doublement sûr. Telles sont les habitudes de cet animal lâche et méchant.

C'est au moment où le lion a été « aboyé » avec détermination que le sportif londonien entre généralement en scène. Il a, on peut l'imaginer, suivi les cavaliers aussi vite que les inégalités du terrain, son propre manque d'entraînement et le fardeau d'un lourd fusil le lui permettaient. Il arrive à l'endroit où le lion est coincé de la même manière que le matador entre dans l'arène, les autres se tenant à l'écart avec déférence, prêts à l'aider ou à détourner le lion. Si sa balle tue, il est sans aucun doute fier, à juste titre. S'il ne fait que blesser, le lion charge le cavalier le plus proche. Sur quarante mètres, la charge d'un lion est plus rapide que le galop d'un cheval de course. Les coureurs évitent donc généralement d'attendre dans cette distance. Mais parfois ce n'est pas le cas ; ou bien parfois le lion voit l'homme qui lui a tiré dessus ; ou parfois toutes sortes de choses arrivent qui font de bonnes histoires – après.

Après cette description générale, aucun exemple particulier n'est requis, et le lecteur ne sera pas déçu d'apprendre que notre lion a échappé à ce qui aurait sans doute été sa destruction certaine par la rupture d'un seul maillon de l'enchaînement régulier des circonstances. Il n'a pas été retrouvé lors de la mise à mort. Sa place a été prise par une sale hyène, et ce n'est que lorsque nous avons battu à fond pendant deux heures plus de trois milles de roselière que nous l'avons vu, un splendide grand chat jaune, aussi gros qu'un bœuf, bondir vers le haut. la colline opposée. Nos cavaliers partirent comme des faucons ; mais hélas ! — si « hélas ! est le mot approprié : un nullah profond et infranchissable est intervenu, nécessitant de grands circuits et de longs délais ; de sorte que le lion s'est éloigné hors de la vue de tous les hommes, et nous avons été réduits au processus lent et fastidieux consistant à le suivre empreinte par empreinte à travers l'herbe ondulante, à hauteur de poitrine, heure après heure, en s'attendant toujours à lui marcher sur la queue, et toujours… déçu !

LE BANDA AU CAMP THIKA.

LE LION DU COLONEL WILSON.

Dans l'après-midi, je devais me rendre à Fort Hall, où devait avoir lieu un grand rassemblement de chefs Kikuyu et de milliers de leurs guerriers et femmes. Le pays est à peu près le même que celui parcouru la veille, mais plus vert, plus doux et plus agréable. Fort Hall n'est pas un fort au sens militaire du terme, mais la maison du commissaire entourée d'un fossé, d'une prison, de quelques maisons et d'un bazar indien. La gare n'est guère bien choisie, étant perchée sur une colline hors de portée de toute voie ferrée – et néanmoins insalubre. L'endroit tout entier était rempli d'indigènes dans leur nudité la plus ornée et la plus élaborée, attendant la danse de guerre.

Cette cérémonie a eu lieu le lendemain matin. Bien avant le jour, le battement des tambours, le son des cors et le rythme des chants bruyants, mais pas tout à fait mélodiques, réveillèrent le dormeur le plus fatigué ; et quand, à huit heures, l' *indaba* commença, tout l'espace devant le fort était densément rempli d'humanités nues, peintes, emplumées et tournoyantes, qui bouillonnaient continuellement d'avant en arrière et se divisaient de temps en temps en chefs particuliers. avancé avec leurs partisans, ou alors que des cadeaux de moutons et de taureaux en difficulté étaient présentés. Dans son costume de guerre, le Kikuyu, et plus encore le guerrier Masai, est une figure frappante, sinon impressionnante. Ses cheveux et son corps sont enduits de la terre rouge de sa terre natale, composée en pigment par mélange avec le jus visqueux de l'huile de ricin, qui abonde. Des coiffes fantastiques, certaines en plumes d'autruche, d'autres en métal ou en cuir ; brassards et jambières en fil torsadé; des rayures d'argile blanche frottées sur le pigment rouge ; çà et là un vieux chapeau de pot ou quelque vêtement européen, contrastant de manière incongrue avec des peaux de léopard et des cornes de taureaux ; de larges boucliers en peau de vache peinte et des lances avec des lames en fer doux de près de quatre pieds de long complètent un tableau grotesque et indécent. Pourtant, il y a une grâce élégante dans ces formes actives – des statues de bronze mais pour leur fantaisie – qui va à l'encontre de tous leurs propres efforts pour se rendre hideuses. Les chefs réussissent pourtant à se réduire à des hommes ordinaires. Toute vieille veste kaki usagée ou tout pantalon en lambeaux ; n'importe quel fragment d'uniforme taché par les intempéries, un casque solaire cabossé avec une plume mal fixée au sommet, un parapluie en lambeaux, suffit à les inciter à abandonner le panache d'autruche et le kaross en peau de léopard. Parmi leurs guerriers en tenue ancienne, ils semblent ridicules et insignifiants – ressemblant davantage à l'espèce la plus commune de balayeurs indigènes qu'aux dirigeants héréditaires d'une tribu puissante et nombreuse.

"DURBAR" À KIAMBU.

C'est incontestablement un avantage que le nègre d'Afrique de l'Est développe un goût pour les vêtements civilisés. Dans aucune direction plus utile et plus innocente, ses besoins ne pourraient être multipliés et ses désirs excités, et c'est par ce processus d'assimilation que sa vie deviendra progressivement plus compliquée, plus variée, moins grossièrement animale, et qu'il s'élèvera à un niveau supérieur de vie. utilité économique. Mais il vaudrait sûrement la peine d'organiser et de guider cette nouvelle force motrice dans des limites gracieuses et appropriées. Un gouvernement court des risques lorsqu'il s'immisce dans le domaine de la mode ; mais lorsqu'un véritable abîme de connaissance et de science sépare les gouvernants des gouvernés, lorsque l'autorité a affaire à une race indigène encore plongée dans sa misère primaire, sans religion, sans vêtements, sans morale, mais désireuse d'émerger et capable d'émerger, de tels les risques peuvent être équitablement acceptés ; et le gouvernement pourrait très bien prescrire ou présenter aux chefs des robes appropriées pour les cérémonies , et encourager progressivement, et plus graduellement encore imposer, leur adoption par l'ensemble de la population.

Après la danse, il avait été convenu que j'irais jusqu'au bord de la rivière Tana pour admirer la vue sur le mont Kenya, puis que je retournerais au camp de Thika avant la nuit. Mais lorsque tout le splendide panorama du pays de Trans-Tana s'est ouvert à nous, je n'ai pas pu me résoudre à m'arrêter avant la terre promise ; et, laissant de côté les soucis matériels du déjeuner et des bagages, je décidai de me rendre à Embo, à vingt-huit milles de Fort Hall, et notre poste le plus avancé dans cette direction. Nous avons traversé la Tana par un ferry qui se déplace le long d'une corde sous l'impulsion du courant. Les poneys nageaient dans le courant profond et puissant de soixante mètres d'eau rouge turbulente. Sur la rive opposée, le pays est vraiment magnifique en qualité et en aspect. Le centre de l'image est toujours le mont Kenya ; mais il n'y a jamais eu de montagne qui ait si peu fait de sa hauteur. Il s'élève par de longues pentes douces, ressemblant plus à un renflement de terrain qu'à un sommet, à partir d'une immense plaine de hautes terres, et l'inclinaison est si progressive que, sans l'affleurement soudain de roche enneigée qui couronne le sommet, personne n'y croirait. il fait plus de dix-huit mille pieds de haut. C'est son élévation graduelle qui donne une si grande valeur à cette noble montagne ; car autour de sa base énorme et sur ses pentes, traversées par des centaines de ruisseaux d'eau claire et pérenne, poussent, ou peuvent croître, en bandes successives et concentriques, toutes sortes de cultures et de forêts connues dans le monde, depuis l'équateur jusqu'à l'Arctique. Cercle. Le paysage est superbe. En beauté, en fertilité, en verdure, dans la fraîcheur de l'air, dans l'abondance de l'eau courante, dans son riche sol rouge, dans la variété de sa végétation, le paysage du Kenya surpasse de loin tout ce que j'ai jamais vu en Inde ou en Inde. L'Afrique du Sud, et défie la comparaison avec les pays les plus justes d'Europe. En effet, en le regardant avec un œil fraîchement italien, je me suis rappelé avec force les hautes vallées du Pô.

Nous avons roulé toute la journée à travers ce délicieux pays, le long d'une route indigène bien entretenue, assez lisse pour une bicyclette, sauf là où elle traversait ruisseau après ruisseau sur des ponts primitifs. De tous côtés, le sol était cultivé et couvert des récoltes d'une population nombreuse et industrieuse. Cela fait seulement un an qu'un contrôle régulier a été établi au-delà du Tana, non sans effusion de sang, par une petite expédition militaire. Pourtant, les tribus sont si pacifiques – maintenant que leurs combats intertribales ont cessé – que les officiers blancs se déplacent librement parmi leurs villages sans même porter un pistolet. Tous les indigènes rencontrés sur la route étaient armés d'épées et de lances, et tous nous offraient leurs salutations habituelles, tandis que beaucoup arrivaient souriants et me tendaient de longues mains humides et délicates à serrer, jusqu'à ce que j'en ai assez de il. En effet, les seuls dangers de la route semblent provenir des buffles qui infestent le pays et qui, après la tombée de la nuit, mettent le voyageur en péril réel. Nous étions très heureux pour cette raison, et aussi parce que nous n'avions mangé qu'une banane chacun depuis le petit matin, de voir enfin au sommet de la colline suivante les bâtiments d'Embo au moment où le soleil se couchait sous l'horizon.

Embo est une station modèle, vieille de seulement cinq mois : une petite maison de trois pièces pour le commissaire de district, une pour l'officier militaire, un bureau et une petite prison, le tout en belle pierre de taille ; deux boutiques indiennes en tôle ondulée ; et sept ou huit longues rangées de cabanes en herbe pour cent cinquante soldats et policiers. Deux jeunes officiers blancs – un civil et un soldat – président depuis ce centre d'autorité, loin du télégraphe, la paix et l'ordre d'une région aussi vaste qu'un comté anglais, et réglementent la conduite et la fortune de quelque soixante-quinze mille personnes. des indigènes, qui n'ont jamais connu ni reconnu d'autre loi que la violence ou la terreur. Ils furent singulièrement surpris de voir quatre cavaliers monter le sentier en zigzag jusqu'à leur demeure ; mais leur étonnement n'empêcha pas leur hospitalité, et nous fûmes bientôt récompensés de notre voyage et de notre jeûne de la plus excellente manière.

J'ai eu juste le temps avant que l'obscurité n'inonde la terre et n'efface la puissante montagne et ses couronnes de nuages aux pointes de feu pour contourner cette station. La prison consistait en une seule pièce, barrée et verrouillée. À l'intérieur, on ne voyait aucun prisonnier. Je demandai où ils se trouvaient et on me montra deux petits groupes assis autour de feux en plein air. Ils étaient enchaînés ensemble par une légère chaîne et, après une dure journée de travail divers à la gare, ils discutaient paisiblement tout en cuisinant et en mangeant leur repas du soir. La prison n'était pour eux qu'un abri pour la nuit : aménagements primitifs sans doute, mais sont-ils plus barbares que la hideuse et longue précision d'un bagne anglais ?

Les protectorats africains désormais administrés par le ministère des Colonies offrent un espace rare aux capacités d'une jeunesse sérieuse et intelligente. Un homme de vingt-cinq ans peut facilement se retrouver à la tête d'un vaste territoire et d'une population nombreuse. Le gouvernement est trop récent pour avoir développé une hiérarchie et un contrôle hautement centralisés et étroitement unis – peut-être trop étroitement – du système indien. Le pays est bien trop pauvre pour se permettre une administration complète. Le commissaire de district doit juger par lui-même et être jugé sur ses actions. Très souvent — car les maladies tropicales créent de nombreuses lacunes dans les rangs et les hommes doivent souvent retourner en Angleterre pour recruter leur santé — l'officier n'est pas du tout un commissaire de district, mais un subalterne agissant à sa place ou à la place de quelqu'un, parfois pour quelque temps. un an ou plus. À lui viennent jour après jour les indigènes du district avec tous leurs troubles, disputes et intrigues. Leur appréciation croissante de la justice impartiale du tribunal les amène de plus en plus à porter toutes sortes d'affaires devant le tribunal du commissaire de district. Quand ils sont malades, ils viennent demander des médicaments. Lorsqu'ils sont blessés dans leurs querelles, c'est chez l'homme blanc qu'ils vont faire panser leurs blessures. Les maladies et les accidents doivent être combattus sans compétences professionnelles. Les tribunaux et les formes de légalité doivent être maintenus sans avocats. Les impôts doivent être collectés par influence personnelle. La paix doit être maintenue avec seulement l'ombre de la force.

Toutes ces grandes opportunités de service élevé, et bien d'autres, sont souvent et quotidiennement mises à la portée des hommes d'une vingtaine d'années – dans l'ensemble avec des résultats admirables. Il était très agréable d'entendre avec quelle compréhension et avec quelle sympathie les officiers du Protectorat d'Afrique de l'Est parlent de leur travail ; et comment ils se considèrent comme les gardiens des intérêts et des droits autochtones contre ceux qui ne se soucient que d'exploiter le pays et sa population. Personne ne peut voyager ne serait-ce qu'un petit moment parmi les tribus Kikuyu sans prendre goût à ces enfants légers, dociles, quoique brutaux, ou sans se sentir capables d'être instruits et de sortir de leur dégradation actuelle. Il y a plus de quatre millions d'aborigènes rien qu'en Afrique de l'Est. Leurs soins imposent une responsabilité grave et, je pense, inaliénable au gouvernement britannique. Ce sera un mauvais jour pour ces races indigènes lorsque leurs fortunes seront soustraites à l'administration impartiale et auguste de la Couronne et abandonnées aux intérêts farouches d'une petite population blanche. Un tel événement est sans doute très lointain. Pourtant, le spéculateur, le planteur et le colon frappent à la porte. Il y a beaucoup de choses qui devraient être faites : bonnes, sages, scientifiques et justement rentables. Si le gouvernement ne parvient pas à trouver l'argent nécessaire pour développer la force économique naturelle du pays, pour assurer ses communications, pour démarrer ses industries, peut-il, pour une raison quelconque, interdire le champ à l'entreprise privée ? Peut-il empêcher l'entrée d'une population blanche ? Doit-il le faire, et pour combien de temps ? Que se passera-t-il lorsqu'il y aura trente mille Blancs en Afrique de l'Est, au lieu des quelque trois mille qui font tant de bruit à l'heure actuelle ? Peut-être le cours de ces chapitres nous ramènera-t-il à nouveau à ces questions. Je doute fort qu'il leur fournisse des réponses.

Nous avons une discussion le soir sur un sujet beaucoup plus gérable. Le commissaire de district d'Embo a été ordonné par la Haute Cour du Protectorat de rejuger une affaire pénale qu'il avait réglée quelques mois auparavant, en raison d'une irrégularité dans le procès-verbal qui avait attiré l'attention de l'autorité de révision. On fait remarquer que ni l'accusé ni ses concitoyens ne comprennent, ou ne pourront jamais être amenés à comprendre, le sens de cette répétition d'un procès ; qu'ils sont déconcertés; que leur confiance dans leur dirigeant personnel peut être affaiblie ; que d'innombrables difficultés pratiques — par exemple la réunion des témoins dispersés dans les villages éloignés, et l'inquiétude que leur cause une seconde convocation de l'étrange et mystérieux pouvoir appelé « Gouvernement » — proviennent d'une erreur que seul un avocat pouvait déceler. , et qui n'apparaît que sur un morceau de papier. "Quelqu'un", dit curieusement un jeune officier civil qui est venu avec nous, "a oublié de dire 'Bo !' dans la bonne place." Je demande quelle est la nature du "Bo!" C'est certainement substantiel. Aucune mention n'est faite dans le rapport du procès que l'accusé a eu la possibilité de contre-interroger les témoins hostiles. Par conséquent, bien que cela ait effectivement été fait, le procès est considéré comme n'étant pas un procès et ordonné à nouveau.

Maintenant, voici encore une fois un équilibre des inconvénients ; mais sans examiner ici si une simple libération n'aurait pas mieux valu qu'un nouveau procès, je me trouve clairement du côté des « Bo ! Il n'y a guère rien de plus important dans le gouvernement des hommes que l'observance exacte, je dirai même pédante, des formes régulières par lesquelles la culpabilité ou l'innocence des accusés est déterminée. Ces formes sont conçues pour protéger le prisonnier, non seulement contre les conséquences d'un oubli honnête de la part de ses juges, mais aussi contre une négligence systématique et une éventuelle oppression. Une fois qu'on permet une interprétation vague, tout le système de jurisprudence civilisée commence à s'effondrer, et à sa place s'érige progressivement une pratique rudimentaire dont l'efficacité et l'équité dépendent entièrement du caractère et de l'intelligence de l'individu responsable. S'il est nécessaire de s'en remettre à l'autorité personnelle pour contrôler les races indigènes du niveau le plus bas, il n'est pas moins nécessaire d'assigner des limites bien marquées à cette autorité et, par-dessus tout, de placer les simples droits primaires des accusés sur le devant de la scène. ce que nous avons l'habitude, chez nous, d'appeler un « procès équitable » en dehors de son champ d'application. L'administrateur ne souffre pas non plus réellement, aux yeux des autochtones, de l'apparition dans son domaine d'une autorité supérieure. Les membres de la tribu voient que leur chef – pour eux tout-puissant, l'homme des soldats et de la police, de punition et de récompense – obéit lui-même à une force extérieure lointaine, et ils se demandent ce que peut être cette force mystérieuse et s'émerveillent vaguement de sa grandeur. L'autorité est renforcée et non altérée par la suggestion d'immenses réserves derrière et au-dessus du dirigeant immédiat, aussi fort soit-il. Mais sur ce point comme sur d'autres, il n'est pas nécessaire que tout le monde soit du même avis ; et même les avocats ne sont pas toujours sages.

Sur notre chemin de retour tôt le matin, nous avons traversé un village swahili. Ces mahométans ont pénétré profondément et se sont largement établis dans les régions orientales de l'Afrique. Armés d'une religion supérieure et fortifiés de sang arabe, ils se maintiennent sans difficulté à un niveau bien supérieur aux aborigènes païens parmi lesquels ils vivent. Leur langue est devenue une sorte de *lingua franca* dans toute cette partie du monde. En tant que commerçants, ils sont accueillis, en tant que combattants, ils sont respectés et en tant que sorciers, ils sont craints par toutes les tribus. La veille, leur Khan nous avait fourni des bananes en s'excusant à maintes reprises que, comme nous l'avions prévu, il n'avait pas de « nourriture européenne ». Aujourd'hui, tout cela a été réparé. Les hommes du village, au nombre d'une cinquantaine peut-être, sortirent tranquillement à notre rencontre, leurs longues blouses blanches contrastant de façon frappante avec les barbares nus et peints qui les entouraient. Le Khan conduisit un étalon arabe blanc, au caractère vicieux et à la démarche triple, pour remplacer mon poney fatigué ; puis il présenta du thé et une boîte familière de biscuits mélangés, qu'il avait envoyé pendant la nuit des coureurs se procurer, afin que son hospitalité ne puisse susciter aucun reproche.

Pendant que nous mangions et parlions avec le Khan, arriva sur les lieux un chef Kikuyu à cheval, avec une chaise, un parapluie, un casque kaki et d'autres insignes, et accompagné d'une centaine de guerriers en pleine plume. Afin de montrer leur respect, ils ont immédiatement commencé leur danse de guerre, et nous les avons laissés un quart d'heure plus tard, tournant toujours en rond et sautillant d'avant en arrière avec des lances frémissantes et des panaches hochant la tête au rythme de leur chœur monotone, tandis que les Swahilis en robe blanche se tenaient debout. gravement et nous a fait ses adieux dans les manières dignes de l'Orient. J'ai réfléchi à l'intervalle qui sépare ces deux races l'une de l'autre, et aux siècles de lutte que leur avancée avait coûté, et je me suis demandé si cet intervalle était plus large et plus profond que celui qui sépare l'Européen moderne des deux ; mais sans parvenir à une conclusion sûre.

Notre voyage à Embo avait été si agréable que je n'étais pas enclin à aspirer à des alternatives rejetées. Mais lorsque nous arrivâmes au camp de Thika, au coucher du soleil, fatigués par cinquante milles de route, le premier spectacle qui salua mes yeux fut une peau de lion étalée sur le sol et le colonel Wilson s'occupait de l'asperger de poudre d'arsenic. Alors on nous raconta l'histoire, qui, en bref, était qu'ils conduisaient une longue roselière, lorsque le lion bondit et courut obliquement à travers la ligne de rabatteurs. Wilson tira et le lion bondit dans les roseaux, d'où les pierres, les feux, les cris, les coups de feu et toutes les autres perturbations ne parvinrent pas à l'ébranler. Après quoi, au bout de deux heures, impatients et aventureux, ils s'étaient précipités sur lui épaule contre épaule, pour le trouver, heureusement, tout à fait mort.

Mes amis tâchèrent de me consoler par la nouvelle que des lions avaient maintenant été entendus dans deux autres endroits, et que nous serions sûrs d'en trouver un dans la matinée ; et le lendemain, après avoir parcouru trois milles de roseaux, il semblait que leurs espoirs étaient fondés, car on pouvait voir un gros animal d'une certaine espèce se déplacer rapidement de long en large à l'abri, et tout le monde déclara que ce devait être le lion. Enfin, il ne restait plus qu'un morceau de roseaux à battre, et nous nous installâmes, le doigt sur la gâchette, à une soixantaine de mètres du bord le plus éloigné, tandis que les batteurs, soulevant un tumulte étonnant avec des cris et des battements de boîtes de conserve, plongé hardiment dedans. *Parturiunt montes* —se précipitèrent deux énormes phacochères. Que personne ne reproche au courage du cochon. Ces grands sangliers féroces, chassés de leur dernier abri, chargèrent vaillamment, défenses luisantes, queues perpendiculaires, et connurent un sort préparé pour un roi. Avec ceux-ci et un autre que nous avons galopé et tiré au pistolet sur le chemin du retour, j'ai dû me contenter, et je peux maintenant, en ce qui me concerne, écrire tristement, selon les mots expressifs de Reuter, "Aucun lion n'a été 'emballé'".

CHAPITRE III

LES HAUTES TERRES D'AFRIQUE DE L'EST

La « couleur » est déjà la question dominante à Nairobi. « Nous entendons faire de l'Afrique de l'Est un pays d'hommes blancs », crie à chaque occasion sur un ton strident l'Association des colons. Une politique vraiment respectable et impressionnante ; mais qui semble, à première vue, plutôt difficile à réaliser dans un pays où il y a, jusqu'à présent, moins de deux mille cinq cents blancs et plus de quatre millions d'aborigènes noirs. L'Afrique de l'Est pourra-t-elle un jour devenir un pays d'hommes blancs ? Même les Highlands, avec leurs brises fraîches et flottantes et leur climat tempéré et immuable, peuvent-elles devenir un pays d'hommes blancs ? Jamais, certainement, dans le sens où le Canada, ou même le Royaume-Uni, sont des pays d'hommes blancs, c'est-à-dire des pays entièrement habités par des blancs et dont l'économie repose sur une main-d'œuvre blanche non qualifiée.

Cela ne vaut même pas la peine d'imaginer les hautes terres d'Afrique de l'Est dépourvues de leurs habitants indigènes et occupées uniquement par des Européens. Une telle idée est totalement impossible. Quelle que soit l'augmentation future de la population blanche, on peut affirmer avec certitude qu'elle sera bien plus que contrebalancée par la multiplication des indigènes, car ils sont protégés contre la famine et à l'abri de la guerre civile. Mais si une telle solution était possible, ce serait presque la dernière chose au monde souhaitée par ceux qui réclament « un pays d'homme blanc ». En effet, ce n'est pas contre les autochtones noirs que s'opposent les préjugés et les intérêts du colon ou du commerçant blanc. L'Africain, concède-t-on, est invité à rester dans son propre pays. Aucune concurrence économique n'est encore apparue ou ne risque d'apparaître entre lui et les nouveaux arrivants. Leurs sphères d'activité sont totalement séparées, car l'homme blanc refuse absolument de faire le travail de l'homme noir ; ce n'est pas à cause de ce dur labeur qu'il s'exile de son pays natal ; tandis que l'indigène ne pourrait pas, dans son état actuel de développement, supplanter l'homme blanc dans les emplois qualifiés, dans la direction et dans l'organisation de l'industrie — même s'il le faisait — et rien n'est plus éloigné de ses ambitions.

C'est l'homme brun qui est le rival. L'Européen n'a ni le souhait ni le pouvoir de constituer un prolétariat blanc dans des pays comme l'Afrique de l'Est. Selon lui, les noirs devraient être les simples soldats de l'armée, mais les sous-officiers et les commandants doivent être blancs. Il ne faut pas considérer cela comme une simple affirmation d'arrogance raciale. C'est un fait obstiné. C'est déjà un grave défaut pour une communauté que de se fonder sur le travail manuel d'une race inférieure, et nombreux sont les complications et les périls qui en découlent. Mais qu'en est-il du deuxième étage ? Si l'on veut qu'une société blanche vive ensemble année après année selon les normes de vie et de confort auxquelles les Européens sont universellement habitués à aspirer et, dans une large mesure, à atteindre, ce stade intermédiaire du système économique doit fournir à cette société blanche les moyens de gagner - en tant qu'hommes professionnels, planteurs, commerçants, commerçants, agriculteurs, banquiers, surveillants, entrepreneurs, constructeurs, ingénieurs, comptables, commis - de quoi vivre pour eux-mêmes et leurs familles. Et ici, ça frappe en Asie. Dans chaque emploi de cette classe, sa capacité de subsister avec quelques shillings par mois, son industrie, son économie, ses aptitudes aiguisées en affaires lui confèrent la supériorité économique, et si la supériorité économique doit être la règle finale - comme elle ne l'a jamais été Cela n'a jamais été et ne sera jamais le cas dans l'histoire du monde — il n'y a pas un seul emploi de cette classe moyenne dont il ne débarrassera, dans une très large mesure, l'homme blanc, aussi sûrement et aussi impitoyablement que le rat brun extirpé le noir du sol britannique.

Alors que reste-t-il ? Quelle sorte d'organisations sociales allons-nous construire avec autant de réflexion et de travail dans ces nouvelles terres sous la couronne britannique ? Il n'existe déjà pas de classe ouvrière blanche. Il ne doit pas y avoir de classe moyenne blanche. Il n'y a de place que pour le capitaliste *pur et simple* , si l'on peut le qualifier ainsi. Une vaste armée de travailleurs africains, dirigée par des Indiens ou des Chinois instruits et dirigée par quelques individus de diverses nationalités employant un capital cosmopolite - tel est le cauchemar qui hante la population blanche d'Afrique du Sud et dans lequel ce qu'il y a de population blanche en Afrique de l'Est crie déjà vigoureusement.

Pourtant, écoutez l'autre côté. Que vaut la revendication des Indiens britanniques ? Ses droits en tant qu'être humain, ses droits en tant que sujet britannique sont également en jeu. C'est le soldat sikh qui a joué un rôle honorable dans la conquête et la pacification de ces pays d'Afrique de l'Est. C'est le commerçant indien qui, pénétrant et se maintenant dans toutes sortes d'endroits où aucun homme blanc ne se rendrait ou dans lesquels aucun homme blanc ne pouvait gagner sa vie, a plus que quiconque développé les premiers débuts du commerce et ouvert le marché. premier moyen de communication élancé. C'est grâce à la main-d'œuvre indienne que le chemin de fer vital dont dépend tout le reste a été construit. C'est le banquier indien qui fournit peut-être la plus grande partie des capitaux encore disponibles pour les affaires et les entreprises, et vers qui les colons blancs n'ont pas hésité à recourir pour obtenir une aide financière. L'Indien était là bien avant le premier fonctionnaire britannique. Il peut citer autant de générations d'industries utiles sur la côte et à l'intérieur des terres que les colons blancs – en particulier les contingents les plus récemment arrivés d'Afrique du Sud (les plus bruyants contre lui de tous) – peuvent compter le nombre d'années de résidence. Est-il possible pour un gouvernement ayant un minimum de respect pour les relations honnêtes entre les hommes, de se lancer dans une politique visant à évincer délibérément les indigènes de l'Inde des régions dans lesquelles ils se sont établis avec toute la sécurité de la foi publique ? Nous devons avant tout nous demander : une telle politique est-elle possible pour le gouvernement qui exerce son influence sur trois cents millions de personnes dans notre empire indien ?

Nous sommes en présence d'un de ces antagonismes d'intérêts apparemment désespérés qui déconcertent et découragent tous ceux qui sont concernés par leur ajustement. Et ces questions ne se limitent pas à l'Afrique de l'Est ou à l'Afrique du Sud. Toute une série de nouveaux problèmes sont apparus et deviendront de plus en plus graves et plus vastes à mesure que se déroulera l'histoire immédiate de l'Empire britannique. Ils se dressent sur un domaine presque totalement inexploré et familier uniquement par les préjugés qui, dans toutes les directions, gênent le mouvement et la vue. L'entrée de l'Asiatique en tant qu'ouvrier, commerçant et capitaliste dans la concurrence dans l'industrie et l'entreprise non seulement *avec le monde occidental*, mais aussi *dans celui-ci*, est un fait nouveau de première importance. Des moyens de communication bon marché, rapides et faciles, l'établissement de la paix et de l'ordre sur terre et sur mer, l'interdépendance toujours croissante de tous les hommes et de tous les pays les uns envers les autres, ont donné des ailes à l'ambition commerciale asiatique et rendu le travail manuel asiatique fluide. , car cela n'a jamais été fluide depuis le début des choses.

A moins que ces nouveaux éléments de la vie économique de l'humanité ne puissent être contrôlés et assimilés scientifiquement et harmonieusement, de grands et nouveaux dangers menacent à la fois l'Asiatique et l'Européen qu'il supplante. D'une part, nous voyons l'exploitation possible, dans diverses conditions malsaines, d'immenses masses de travailleurs asiatiques, au préjudice moral de l'employeur et à la dégradation et à la souffrance des employés ; de l'autre, le renversement des niveaux de vie laborieusement réalisé ou longtemps obstinément lutté parmi les Européens. En plus de cela, il faut prévoir la confusion du sang, des mœurs, des mœurs, équivalant, lorsqu'elle s'exerce à une échelle étendue, à presque la désintégration de l'ordre social existant. Et derrière, de très près, se trouvent les appels à la force, lancés par des foules ou des empires, pour trancher de manière brutale la question brutale de savoir lequel de deux groupes d'intérêts inconciliables prévaudra. Il n'est pas facile de mesurer le degré d'instabilité politique qui sera introduit dans les relations internationales, lorsque les sujets d'un puissant État militaire et naval sont continuellement exposés à la législation pénale et à la violence ouverte, et dans la vie privée lorsque l'artisan blanc est invité à consentir à sa propre extinction, en vertu de lois qu'il contrôle lui-même, par un concurrent qu'il croit pouvoir abattre de ses mains.

Pourtant, l'Asiatique, et ici j'inclus également l'Africain, a d'immenses services à rendre et des énergies pour contribuer au bonheur et au progrès matériel du monde. Il existe des terres vastes dont les promesses ne pourront jamais être réalisées, il existe des récoltes innombrables qui ne pourront jamais être récoltées sans sa coopération active. Il existe des routes, des voies ferrées et des réservoirs que lui seul peut construire. Il y a des mines et des forêts qui dormiront à jamais sans son aide. Le puissant continent de l'Afrique tropicale est ouvert aux capacités colonisatrices et organisatrices de l'Est. Tous ces nouveaux produits que l'industrie moderne réclame avec insistance sont offerts en abondance à l'Occident — si seulement nous pouvions résoudre l'énigme du Sphinx sous sa forme la plus récente.

Et est-il après tout hors de notre portée d'apporter une réponse, sinon parfaite, du moins pratique ? Il ne devrait y avoir aucune difficulté insurmontable, dans l'état actuel des connaissances politiques et de l'organisation sociale, à attribuer des sphères différentes à l'activité extérieure des différentes races. Les grandes puissances ont divisé territorialement l'Afrique ; est-il au-delà de l'esprit de l'homme de le diviser économiquement ? La coopération de nombreuses catégories d'hommes différents est nécessaire pour cultiver un domaine aussi noble. Est-il impossible de réglementer de manière complète et complexe les conditions dans lesquelles cette coopération aura lieu ? Ici, les hommes blancs peuvent vivre et prospérer ; là, ils ne le peuvent pas. Voici une tâche pour l'un, là une opportunité pour un autre. Le monde est assez grand. [J'écris alors que le fleuve du Nil me porte entre les immenses espaces d'un pays magnifique, fertile et peu peuplé qui s'étendent au nord du lac Albert.] Il y a beaucoup de place pour tous. Pourquoi ne pouvons-nous pas régler ce problème équitablement ?

Il faut noter que la question de l'immigration asiatique se présente au point de vue impérial sous plusieurs formes bien distinctes. Il y a tout d'abord des colonies qui reposent sur un prolétariat blanc et dont les habitants, riches et pauvres, employeurs et employés, sont tous européens. Le droit de ces colonies d'interdire l'entrée d'un grand nombre d'Asiatiques et de se préserver du chaos racial et des perturbations économiques inséparables d'une telle immigration ne peut être nié, bien que son exercice doive sans aucun doute être régi par diverses considérations prudentielles et autres. . Mais ces colonies diffèrent sensiblement de celles où la masse de la population n'est pas blanche, mais noire. Il existe encore des colonies qui possèdent un gouvernement responsable et où le nombre des habitants blancs de la classe moyenne dépasse de très loin celui de la communauté asiatique. Il est évident que leur situation est totalement différente de celle d'endroits comme les protectorats tropicaux d'Afrique de l'Est et de l'Ouest.

En fait, on peut soutenir que le fait même que les autochtones de l'Inde britannique se verront sans aucun doute, à tort ou à raison, à tort ou à raison, refuser en grand nombre l'accès à plusieurs colonies sud-africaines et à toutes les colonies australiennes par leurs gouvernements respectifs, rend tout cela Il est d'autant plus souhaitable que le gouvernement impérial accorde aux protectorats tropicaux un débouché et une portée à l'entreprise et à la capacité de colonisation de l'Hindoustan. Et comme je l'ai écrit, ces pays sont assez grands pour tous. Il n'y a aucune raison pour que les régions des Highlands qui promettent à l'homme blanc un foyer et une carrière, et où seuls il peut vivre confortablement, ne devraient pas, pour des raisons d'administration pratique, lui être essentiellement réservées. Ni, d'autre part, pourquoi l'Asiatique, s'il n'enseigne pas aux indigènes africains de mauvaises voies - éventualité qu'il ne faut pas oublier - ne devrait pas être encouragé à faire du commerce et à s'établir comme il le fera dans les énormes régions tropicales fertiles pour y parvenir. auquel il est naturellement adapté. C'est dans cette direction — je ne veux pas dogmatiser — que semble se trouver la ligne de conduite immédiate d'une politique saine, et, guidés par les lumières de la science et de la tolérance, nous pouvons facilement la trouver.

Mais le cours de ces réflexions m'a mené bien plus loin que ne semble le justifier la politique de Nairobi ; et je m'empresse de revenir à la question par laquelle j'ai commencé : « Les hauts plateaux d'Afrique de l'Est peuvent-ils devenir « un pays d'hommes blancs » ? Examinons cela par un nouveau procédé. Alors que l'on chevauche ou marche à travers les vallées et les larges plateaux de ces hautes terres, soutenu par leur air délicieux, écoutant la musique de leurs ruisseaux et régalant les yeux de leur richesse et de leur beauté naturelles, un sentiment de perplexité envahit l'esprit. Comment se fait-il qu'ils ne soient jamais devenus le foyer d'une race supérieure, prospère, saine et libre ? Pourquoi, maintenant qu'un chemin de fer a ouvert la porte et que tant de choses ont été publiées à leur sujet, il n'y a pas eu un seul fleuve furieux d'immigration en provenance des bidonvilles exigus et insalubres de la jungle d'Europe ? Pourquoi, surtout, ceux qui sont venus – les pionniers, les hommes énergiques et aventureux, aux grandes ambitions et aux mains fortes – pourquoi, dans de nombreux cas, gardent-ils simplement la tête hors de l'eau ? Pourquoi les plaintes, le mécontentement et le découragement positif devraient-ils être si généraux au sein de cette classe limitée ?

J'ai toujours éprouvé un profond sentiment de gratitude de n'avoir jamais possédé un mètre carré de cette marchandise perverse qu'est la « terre ». Mais j'avoue qu'en voyageant dans les hauts plateaux d'Afrique de l'Est pour la première fois de ma vie, j'ai appris à quoi ressemble la sensation de faim de terre. On peut réprimer, mais on ne peut échapper, le désir de s'attribuer un de ces domaines justes et vastes, avec toutes les récompenses qu'ils offrent à l'industrie et à l'inventivité en plein air. Pourtant, tout autour, il y a des hommes possédant des milliers d'acres fertiles, avec des montagnes, des rivières et des arbres ombragés, acquis pour peu ou rien, tous en difficulté, tous agités, nerveux, nerveux, beaucoup déçus, certains désespérés, certains brisés.

Quels sont les véritables traits cachés derrière le voile de promesses illimitées qui enveloppe cette terre ? Ne sont-ils pas empreints de moquerie ? L'œil qui vous regarde n'est-il pas aussi féroce que brillant ? "Quand j'ai vu ce pays pour la première fois", m'a dit un colon, "j'en suis tombé amoureux. J'avais vu tout le meilleur de l'Australie. J'avais prospéré en Nouvelle-Zélande. Je connaissais l'Afrique du Sud. Je pensais enfin avoir a frappé « le propre pays de Dieu ». J'ai écrit des lettres à tous mes amis pour les inciter à venir. J'ai écrit une série d'articles dans les journaux vantant les splendeurs de ses paysages et l'excellence de son climat. Avant la parution du dernier article, mon capital était presque épuisé, mes clôtures étaient épuisées. J'ai été piétiné par des troupes de zèbres, mes bêtes importées avaient péri, mes titres de propriété étaient toujours bloqués au Bureau foncier, et j'avais moi-même failli mourir d' une fièvre maligne. Depuis, j'ai laissé d'autres vanter les gloires de l'Afrique de l'Est. ".

Ces secondes réflexions penchent sans doute autant du côté d'une dépression extravagante que la première impression était trop sanguinaire. Mais le fait qu'il y ait un revers brutal à la médaille de l'Afrique de l'Est est un fait qui ne peut être contesté et qu'il ne faut pas dissimuler, ni dans l'intérêt de l'immigrant, ni dans l'intérêt du pays. Il n'est pas encore tout à fait prouvé qu'un Européen puisse faire même des hautes terres de l'Afrique orientale sa demeure permanente, c'est-à-dire qu'il puisse y vivre sans dégénérescence sensible pendant quinze ou vingt ans d'affilée sans jamais retourner dans les zones tempérées ; encore moins qu'il puisse élever et élever des familles sur plusieurs générations. L'exaltation de l'air ne doit pas faire oublier qu'une altitude de cinq à huit mille pieds au-dessus du niveau de la mer est une condition inhabituelle, produisant des résultats, non encore établis, sur le système nerveux, le cerveau et le cœur. Sa fraîcheur ne pourra jamais faire disparaître le fait que nous sommes sur l'équateur. Bien que le ciel semble si familier et si doux avec ses nuages blancs et ses averses passagères, le rayon direct du soleil, presque vertical à toutes les saisons de l'année, frappe aussi bien l'homme que la bête, et malheur à l'homme blanc qu'il trouve. découvert! Bien que les moutons et les bœufs se multiplient si rapidement, bien que leur croisement avec des animaux importés produise à chaque génération d'étonnantes améliorations de qualité, ils sont sujets à de nombreux périls mal compris et souvent mortels. Et si le paysage rappelle au voyageur pensif les beautés paisibles des climats plus doux de sa maison, qu'il se souvienne qu'il nourrit avec une fécondité allègre des reptiles venimeux, des insectes ravageurs et de terribles bêtes de proie.

Il n'y a cependant aucune raison de douter que la science moderne possède, ou découvrira, les moyens d'éradiquer ou d'atténuer nombre de ces maux. À mesure que le développement du pays progresse et que les recherches scientifiques sur l'agriculture tropicale et les maladies tropicales progressent, les difficultés qui assaillent les premiers colons disparaîtront progressivement. Il apprendra à se vêtir et à se loger ; quoi planter, quoi cultiver et quoi éviter. La propagation de la fièvre de la Côte Est, désormais transmise par les tiques d'un animal à l'autre, et transportée par les animaux infectés d'un district à l'autre, sera arrêtée et contrôlée par un système approprié de grillage et de quarantaine. Des remèdes seront découverts contre les différentes maladies qui attaquent les moutons ou les chevaux. Les zèbres, rhinocéros, buffles et autres nuisances pittoresques et fascinantes seront chassés ou exterminés dans les zones habitées et confinés dans les vastes réserves de terres inhabitées. La croissance lente mais régulière de la population blanche créera un marché pour les produits agricoles locaux. Les départements scientifiques puissamment équipés, les départements vétérinaires et forestiers et le département de l'agriculture nouvellement créé sur une échelle considérable, seront en mesure de guider et d'assister l'entreprise du nouveau venu, et de lui éviter de répéter les expériences malheureuses de le pionnier. Les routes s'amélioreront et les voies ferrées et les tramways monorail se développeront. Petit à petit, la vie et les moyens de subsistance deviendront plus faciles et plus sûrs. Cependant il ne sera pas prouvé que l'Européen de race pure puisse élever ses enfants sous le soleil équatorial et à une altitude de plus de six mille pieds ; et jusqu'à ce que cela soit prouvé, « le pays de l'homme blanc » restera un rêve d'homme blanc.

J'ai écrit sur les Européens et les Asiatiques. Et l'Africain ? Environ quatre millions de ces gens noirs sont compris dans les districts du Protectorat d'Afrique de l'Est qui sont actuellement ou partiellement administrés. Beaucoup d'autres se trouvent au-delà de ces frontières larges et en constante évolution. Quel sera leur rôle dans l'élaboration de l'avenir de leur pays ? Après tout, c'est *leur* Afrique. Que vont-ils faire pour cela, et qu'est-ce que cela va faire pour eux ? « Les indigènes, dit le planteur, manifestent une grande réticence à travailler, surtout à travailler régulièrement ». "Il faut les faire fonctionner", disent d'autres. "Conçu pour travailler pour qui ?" demandons-nous innocemment. « Pour nous, bien sûr », est la réponse toute prête ; "Que pensais-tu que nous voulions dire?" Et ici, nous rencontrons un autre troupeau de questions sur les rhinocéros : maladroits, à la peau épaisse et cornus, avec une vue courte, un mauvais caractère et une tendance à se précipiter aveuglément vers le vent dès qu'il y a une alarme. Le natif est-il oisif ? Ne se entretient-il pas et ne paie-t-il pas ses impôts ? Ou bien se prélasse-t-il à son aise pendant que ses trois ou quatre femmes labourent la terre, portent le fardeau et gagnent sa vie ? Et s'il est inactif, a-t-il le droit de rester oisif – un philosophe nu et inconscient, vivant « la vie simple », sans soucis ni besoins, – un gentleman de loisirs dans un monde haletant ? Est-ce que ce sera le dernier mot ? La civilisation veut-elle dire avec certitude que lorsque l'indigène africain s'est gardé lui-même, ou a fait le garder ses femmes, il n'a plus aucun droit sur lui ? L'homme blanc fera le reste. Il préservera la paix, afin que les tribus prospèrent et se multiplient. Son œil vigilant et prévoyant, tendu et fatigué par l'effort, prendra encore ses dispositions contre la famine ; sa science, même s'il tombe lui-même dans la lutte, luttera contre la peste et guérira la maladie. Loin de sa maison ou de sa famille, il coupera les arbres et creusera les puits, endiguera les ruisseaux et bâtira les routes, avec un cœur anxieux et « à la sueur de son front », selon la malédiction lancée sur l'enfant de beaucoup. veut, tandis que l'enfant qui a peu de désirs le regarde depuis l'ombre et le pense fou.

Et de comparer la vie et le sort de l'aborigène africain – en sécurité dans son abîme de dégradation satisfaite, riche du fait qu'il manque de tout et ne veut rien – avec le long cauchemar d'inquiétude et de privation, de saleté, de tristesse et de misère, éclairé uniquement par des lueurs. de la connaissance torturante et de l'espoir alléchant, qui constituent la vie de tant de pauvres gens en Angleterre et en Écosse, c'est sentir le sol trembler sous ses pieds. "Il ne faudrait jamais qu'il y ait beaucoup de 'méchants Blancs' dans ce pays", ai-je entendu un jour dire un gentleman. "Cela détruirait le respect de l'indigène pour l'homme blanc s'il voyait quels misérables gens nous avons chez nous." Ici, en tout cas, la botte est sur l'autre jambe, et Civilisation a honte de ses dispositions en présence d'un sauvage, embarrassée de peur qu'il ne voie ce qui se cache derrière la robe d'or et de pourpre de l'État et commence à soupçonner que l'homme blanc tout-puissant est un imposteur. Mais cela n'a aucune importance !

Je suis clairement d'avis qu'aucun homme n'a le droit d'être oisif, quel qu'il soit et où qu'il vive. Il est tenu d'aller de l'avant et de prendre une part honnête à l'œuvre générale du monde. Et je n'exclus pas le natif d'Afrique. Dans une bien plus grande mesure que ne le reconnaissent souvent ceux qui discutent de ces questions, les indigènes sont travailleurs, désireux d'apprendre et capables d'être conduits vers l'avant. Vivez pendant quelques semaines, comme je l'ai fait, en étroite association avec les soldats disciplinés des King's African Rifles, ou avec les marins intelligents de la Uganda Marine, et il semble merveilleux de les comparer à la population dont ils sont issus. Comme ils sont forts, comme ils sont bons, comme ils sont intelligents ! Comme leurs officiers blancs sont fiers d'eux ! Quels soins ils prennent pour plaire aux voyageurs qu'ils escortent ; comme ils se réjouissent franchement d'un mot d'éloge ou de remerciement ! Une discipline juste et honorable, une éducation soignée, une compréhension sympathique sont tout ce qui est nécessaire pour amener une très grande proportion des tribus indigènes de l'Afrique orientale à un niveau social bien plus élevé que celui auquel elles se trouvent actuellement. Et pourquoi les hommes devraient-ils seulement apprendre à devenir soldats ? La guerre est-elle toujours pour avoir le meilleur de tout ? L'industrie pacifique ne peut-elle pas être aussi attractive, aussi hautement organisée, aussi soigneusement étudiée que l'emploi combiné d'armes meurtrières ? "Pourquoi", comme le demande Ruskin, "les hommes ne peuvent-ils pas être fiers de *construire* des villages au lieu de simplement les *transporter* ?"

Je me demande pourquoi ma plume se glisse dans ces labyrinthes, alors que mon seul but était de donner une idée générale de la politique à Nairobi ? Mais en réalité, les problèmes de l'Afrique de l'Est sont les problèmes du monde. Nous voyons déjà à l'œuvre ici, mais en miniature, les tensions sociales, raciales et économiques qui ravagent la société moderne ; et si nous choisissons d'étudier le modèle lorsque tout le moteur est à portée de main, c'est parce qu'à plus petite échelle nous pouvons y voir plus clair, et parce qu'en Afrique de l'Est et en Ouganda l'avenir est encore sans compromis. Le gouvernement britannique a entre ses mains la responsabilité de façonner le développement et le destin de ces nouveaux pays et de leurs peuples variés avec une autorité et une élévation bien supérieures à celles avec lesquelles les cabinets peuvent faire face aux gigantesques enchevêtrements chez eux. Et ce fait remue l'esprit. Mais à ce moment-là, le lecteur aura appris autant de choses sur la politique est-africaine que moi lorsque, après trois jours de députations et de disputes, le train quitta Nairobi pour nous emmener au Grand Lac et au-delà.

CHAPITRE IV

LE GRAND LAC

Nous repartons sur le chemin de fer de l'Ouganda. Si intéressant et beau que soit le pays que traverse la ligne de Mombasa à Nairobi, il est surpassé par le magnifique paysage du voyage vers le lac. La Grande Faille est la première en ordre et en rang. Cette curieuse faille à la surface de la terre, que les géologues tracent à travers les quatre mille milles de terre et de mer qui nous séparent de la Palestine, et jusqu'à l'extrémité sud du lac Tanganyika, est traversée par le chemin de fer de l'Ouganda à l'une de ses étapes les plus remarquables. . Sur soixante milles, le plateau des Highlands s'est élevé régulièrement par une succession d'ondulations boisées jusqu'à atteindre un niveau de plus de six mille pieds. Maintenant, il tombe brusquement, presque précipitamment, à plus de deux mille pieds. Ce mur sinistre de roches et de forêt, qui s'étend droit comme une règle à perte de vue, est l'escarpement Kikuyu. Alors que le train descend en biais et en zigzag le long de sa face, un panorama majestueux s'offre à la vue. Loin en contrebas, baignées de soleil, s'étendant vers des horizons violets et brumeux, s'étendent les vastes étendues de la vallée du Rift. Sa surface plane est brisée par des collines volcaniques aux formes étranges et des cratères brisés. Le mur de montagne opposé se dresse au loin, marron et bleu. Nous regardons la plaine comme d'un ballon, prenant les forêts pour des parcelles d'herbe verte et les arbres puissants pour des broussailles épineuses.

LA VALLÉE DU RIFT DEPUIS L'ESCARPEMENT KIKUYU.

Encore environ une heure et le lac Naivasha apparaît. Cette nappe d'eau mesure environ dix milles carrés et le bord d'un cratère submergé forme en son milieu une étrange île en forme de croissant. Ses eaux saumâtres repoussent les habitants, mais abritent d'innombrables oiseaux sauvages et de nombreux hippopotames. A Naivasha se trouve l'élevage d'élevage du gouvernement. On peut voir dans leurs divers troupeaux les moutons indigènes, les métis anglais, les trois-quarts, etc. L'amélioration est étonnante. Le mouton indigène est un animal poilu, qui ressemble plus à une chèvre qu'à un mouton pour un œil inexpérimenté. Croisé avec du sang Sussex ou Australien, son descendant se transforme en une bête laineuse d'aspect familier. Au prochain croisement, la descendance est presque impossible à distinguer en apparence de la race anglaise de race pure, mais mieux adaptée au soleil et au climat africains. C'est la même chose avec le bétail. À la première génération, la bosse du bœuf africain disparaît. Dans le second, il apparaît comme un respectable British Shorthorn. L'objet de cette ferme est double : d'abord, trouver le type le mieux adapté aux conditions locales ; deuxièmement, fournir aux colons et aux indigènes une source de bon sang de plus en plus large grâce à laquelle leurs troupeaux peuvent tripler et quadrupler la valeur. L'enthousiasme et le zèle des responsables de ce travail étaient rafraîchissants. Mais à l'heure actuelle, leurs opérations sont limitées par le manque de fonds et par les précautions qu'il faut prendre contre la fièvre de la côte Est. Le premier de ces obstacles peut être supprimé ; le second est moins traitable.

La fièvre de la côte Est a franchi la frontière allemande il y a un an et demi et depuis lors, malgré les mesures préventives que permettent nos maigres moyens, elle s'est propagée progressivement et lentement à travers le protectorat. Une vache malade peut mettre trente jours à mourir. Entre-temps, partout où il passe, les tiques pullulent sont infectées. Ils conservent leur poison pendant un an. Si, pendant ce temps, d'autres bovins passent sur le sol, les tiques s'accrochent à eux et leur inoculent la maladie. Et chaque nouvelle victime s'éloigne pour propager la malédiction à de nouvelles tiques, qui la rejettent sur de nouveaux bovins, et ainsi de suite jusqu'à la fin de l'histoire. À chaque point, de nouvelles zones de sol se détrempent et de nouvelles vaches commencent à tomber une à une, laissant leur mauvais héritage aux insectes voraces.

FERME GOUVERNEMENTALE À NAIVASHA.

Ainsi, nous voyons ici les deux principes de la Nature à l'œuvre simultanément : les béliers et les taureaux de sang répandant leur vie saine et féconde dans des cercles toujours plus larges à travers la terre ; les bovins infectés portant leur message de mort dans toutes les directions. Chaque point atteint devient immédiatement un nouveau centre de vitalité ou de dissolution. Les deux processus avancent délibérément vers des multiplications illimitées. L'indigène est impuissant face à la ruine qui avance. Laissé à lui-même, le mal dévorerait assurément le bien, jusqu'à ce que le bétail soit exterminé et que la maladie meure de faim, faute de proie. Mais c'est à ce moment qu'intervient le bipède blanc doté de facultés de ratiocination depuis le ministère de l'Agriculture au toit de tôle ; découvre, par exemple, que le sol peut être purifié en y plaçant des moutons sur lesquels les tiques déchargent leur venin sans danger et sont ensuite purgées ; érige des centaines de kilomètres de grillages pour diviser le pays en compartiments, comme un navire de guerre est divisé par des cloisons ; entoure les zones infectées ; détruit les animaux suspects ; recherche méthodiquement et avec toujours plus d'espoir des prophylactiques et des remèdes ; d'une main, il arrête la malédiction, de l'autre accélère la bénédiction, et ce faisant, il remplit sûrement une fonction plutôt importante à bien des points de vue.

Mes amis et moi avons mis quatre jours pour nous rendre au Victoria Nyanza, bien que la distance puisse être parcourue en vingt-quatre heures ; car nous faisions chaque jour un détour pour le sport ou les affaires, tandis que notre train attendait obligeamment dans une voie d'évitement. Ces derniers, en effet, ne manquaient pas, car le gouverneur et les chefs de plusieurs départements étaient dans le train, et nous travaillions fidèlement ensemble à bien des choses épineuses. Puis arrivaient aux stations des fermiers, des géomètres et d'autres, avec des mots de bienvenue ou de plainte, et une députation de colons boers avec de nombreuses expressions de loyauté envers la Couronne, et les chefs des tribus Lumbwa et Nandi, avec une foule de guerriers. et leur Laibon avec ses quatre femmes, tous à la suite, au point que j'étais aussi fatigué de faire des discours « brefs et appropriés » que mes compagnons devaient l'être de les entendre.

LES ÉPOUSES DE LAIBON.

Mais Elmenteita était en vacances. Lord Delamere nous accueillit à la gare avec des charrettes du Cap, des poneys et des harpes, et nous partîmes à la recherche du cochon à travers une immense plaine peuplée d'antilopes et de gazelles. Je ne peux pas prétendre à l'expérience des deux pays nécessaire pour comparer les mérites du piquage du porc en Inde et en Afrique de l'Est en ce qui concerne les qualités combattantes de l'animal, ni le terrain sur lequel il est poursuivi. Mais je pense que le membre le plus accompli du Meerut Tent Club admettrait que le courage et la férocité du phacochère africain, ainsi que l'extrême rudesse du pays, rempli de rochers et percé de profonds trous de fourmis dissimulés, par les herbes hautes, faire de l'élevage de cochons en Afrique de l'Est un sport qui mériterait bien son attention sérieuse et reconnaissante. À l'heure actuelle, il n'en est qu'à ses balbutiements, et très peu même des officiers des King's African Rifles peuvent se vanter de la compétence de l'expert indien. Mais en Afrique de l'Est, tout est à la première page ; et d'ailleurs, le phacochère est, à l'heure actuelle du moins, considéré comme une vermine dangereuse qui cause des dégâts incroyables aux plantations indigènes et dont la destruction, par n'importe quelle méthode, même la plus difficile, est aussi utile qu'excitante.

Notre premier cochon était un brave garçon, qui galopait la queue droite en l'air et les défenses luisantes malicieusement, et qui fit une course de près de trois milles avant d'être tué. Le risque de ce sport consiste en ceci : le cochon ne peut être rattrapé et efficacement harponné que par un cheval absolument au grand galop. Le sol est si trapu qu'on ne prend même pas la peine de le quitter des yeux un instant. Pourtant, pendant au moins cent mètres à la fois, toute l'attention du cavalier doit être rivée sur le cochon, à quelques mètres duquel il se trouve, et qui peut s'attendre à charger à tout moment. Une chute à un tel point culminant est nécessairement très dangereuse, car le phacochère attaquerait certainement le cavalier désarçonné ; pourtant, personne ne peut éviter cette chance. Je ne sais pas si l'Anglo-Inde frémira, mais je recommanderais certainement au futur chasseur en Afrique de l'Est de mettre un revolver sur sa cuisse en cas d'accident. "Vous n'en voulez pas souvent", comme l'a observé l'Américain ; "mais quand tu le fais, tu le veux vraiment."

Nous avons passé une joyeuse matinée à courir après ces brutes et à tirer sur quelques *Gazella Granti* et *Gazella Thomsoni* , ou "Grants" et "Tommies" comme on les appelle familièrement, et à chercher des élans dans les intervalles. Au bout du lac Elmenteita, une belle nappe d'eau malheureusement saumâtre, un festin avait été préparé, auquel avaient été conviés un certain nombre de messieurs des domaines de Lord Delamere et des fermes environnantes. Une longue rangée de troupeaux était rassemblée des deux côtés de la piste dans l'ordre requis, indigènes, métis, trois-quarts, purs. Grâce à ces insignes de richesse patriarcale, qui auraient excité le plus vif intérêt chez un voyageur moins affamé et plus instruit en la matière que moi, nous nous rendîmes à un excellent déjeuner, qui, bien sûr, ne fut pas sans être accompagné de la discussion habituelle sur Politique est-africaine.

Il était tard dans l'après-midi lorsque nous repartirent vers le train, qui se trouvait à huit milles de là sur une voie d'évitement. En chemin, nous sommes tombés sur un cochon des plus féroces et monstrueux, qui nous a fait danser une belle danse à travers les buissons, l'herbe et les rochers. Alors qu'il émergeait dans une parcelle de terrain relativement lisse et dégagé, je me décidai à le lancer, poussai mon poney à sa vitesse maximale et réfléchissais à la meilleure façon de faire l'acte quand, sans la moindre provocation, ou, du moins, En effet, avant même d'avoir été piqué, le cochon s'est retourné brusquement et s'est jeté sur moi, comme s'il était un léopard. Heureusement, ma lance a gêné, et avec un pot solide, qui a rendu mon bras raide pendant une semaine, s'est enfoncé profondément dans sa tête et son cou avant qu'il ne se brise, de sorte qu'il était heureux de s'en sortir avec dix-huit pouces de bâton enfoncés. lui, et après s'être précipité sur mon compagnon, il se réfugia dans un trou profond, d'où aucune incitation ni insulte ne pouvait le tirer.

Plus tard, nous sommes montés à cheval et avons tué un autre cochon et avons poursuivi un quatrième sans succès, et il faisait presque nuit avant d'atteindre la voie ferrée. Alors que je montais dans ma voiture, ils m'apprirent calmement que *six lions* avaient franchi la ligne à un quart de mille de là et un quart d'heure auparavant. Un colon qui était allé déjeuner à Elmenteita chargeait un revolver emprunté à la hâte avant de prendre le chemin du retour vers Nakuru, et tandis que je lui donnais quelques cartouches, je pensais que, quelles que soient les lacunes de l'Afrique de l'Est, l'absence d'un la faune intéressante et variée n'en fait certainement pas partie.

Le lendemain, notre train grimpe à travers des forêts denses et magnifiques jusqu'au sommet de l'escarpement de Mau. L'admiration pour la richesse et la splendeur du royaume feuillu se mêle à quelque chose qui ressemble beaucoup à une crainte devant sa fertilité agressive. Les grands arbres surplombent la ligne. Les plantes grimpantes descendent le long des boutures, revêtant le sol rouge de manteaux de fleurs et de feuillage. Les remblais sont déjà couverts. Chaque clairière est densément envahie par des plantes sinueuses. Sans le soin incessant avec lequel toute la ligne est grattée et désherbée, elle deviendrait bientôt infranchissable. Dans l'état actuel des choses, les longs doigts de la forêt envahissante s'étendent partout avec envie vers les métaux brillants. Si l'on néglige le chemin de fer ougandais pendant un an, il faudrait une expédition pour découvrir où il était passé.

A la gare de Nyoro, près de neuf cents indigènes travaillaient à couper du bois pour le chemin de fer, qui dépend entièrement du bois de chauffage. L'entrepreneur responsable, un jeune gentleman anglais, qui m'avait été décrit comme étant un employeur modèle de main-d'œuvre indigène dans les contrats gouvernementaux, avait pris la peine de tracer un chemin à travers la forêt, à travers une boucle de la ligne, afin que je puisse voir comment c'était à l'intérieur. À travers ce tunnel verdoyant, long d'environ un mile et demi, nous avons tous plongé en conséquence. Il n'y avait rien de sinistre dans l'aspect de cette forêt, malgré toute sa densité et sa confusion. Les grands géants s'élevaient magnifiquement jusqu'à cent cinquante pieds. Viennent ensuite les arbres forestiers ordinaires, beaucoup plus denses. En dessous se trouvait encore une couche de broussailles et de buissons ; et sous, autour et parmi le tout coulait une vaste mer de plantes grimpantes ressemblant à des liserons. À travers tout ce quadruple voile, la lumière du soleil tombait tous les vingt mètres environ en damiers brillants de vert et d'or.

En chemin, la méthode de réduction du carburant est expliquée. En ce qui concerne l'ouvrier, il s'agit d'un système complexe de travail aux pièces, très précis et équitablement ajusté, et, comme c'est si souvent le cas lorsque l'employeur blanc prend personnellement soin de ses hommes, il ne semble y avoir aucune difficulté à le faire. trouver un certain nombre d'indigènes. Mais c'est une entreprise pesteuse. Rares sont ceux qui resteront plus d'un mois ou deux, aussi satisfaits soient-ils de leur travail et de ses récompenses ; et au moment où ils commencent à devenir habiles, ils partent dans leurs villages pour cultiver leurs jardins et leurs familles, promettant de revenir une autre année, ou après la récolte, ou à une autre date lointaine et indéterminée. Et pendant ce temps, le chemin de fer doit recevoir son carburant jour après jour, avec la monotonie impitoyable de la machine industrielle.

Mais quelle façon de réduire le carburant ! Une population flottante de barbares maladroits picorant les arbres avec des hachoirs indigènes ressemblant davantage à une houe jouet qu'à une hache, et portant leurs charges une fois parcouru un quart de mile sur la tête jusqu'à la meule de bois, tandis que la forêt se moque de la faiblesse des arbres. homme. J'ai fait un calcul. Chacun des neuf cents indigènes employés coûte au total six livres par an. Le prix d'une usine d'abattage d'arbres à vapeur, avec un kilomètre de tramway monorail terminé, est d'environ cinq cents livres. Les intérêts et le fonds d'amortissement de cette mise de fonds représentent le salaire de quatre indigènes, auquel il faut ajouter le salaire d'un ingénieur blanc compétent, égal au salaire de quarante indigènes, et les frais de travail et l'amortissement estimés grossièrement au salaire de vingt. davantage d'autochtones; en tout le salaire de soixante-cinq indigènes. Une telle usine, capable de couper des arbres de six pieds de diamètre en quatre ou cinq minutes, de couper du bois ainsi que du combustible, de le scier à la longueur appropriée pour chaque usage avec la plus grande rapidité, et de le transporter par camion entier. Les charges, une fois sciées sur la voie d'évitement, accompliraient le travail d'une semaine des soixante-cinq indigènes qu'elles remplaçaient en un seul jour, et effectueraient une multiplication par sept de la puissance. Il ne sert à rien d'essayer de s'emparer de l'Afrique tropicale à mains nues. La civilisation doit être armée de machines si elle veut soumettre ces régions sauvages à son autorité. Des routes en fer, pas des porteurs de jogging ; des moteurs infatigables, pas des hommes fatigués ; une énergie bon marché, pas une main d'œuvre bon marché ; de la vapeur et de l'habileté, pas de la sueur et des tâtonnements : c'est là que réside le seul moyen d'apprivoiser la jungle – plus d'une jungle.

Nous avons parlé de cela – ou du moins j'ai parlé – pendant que nous rampions sur les souches d'arbres tombés ou que nous pataugions dans un crépuscule émeraude d'un rayon de soleil à l'autre à travers le flot de plantes grimpantes. Il est d'une importance vitale que ces forêts ne soient pas dévastées par des mains imprudentes et imprévoyantes. Il n'est pas moins important que le chemin de fer ougandais dispose d'un carburant bon marché. Pendant longtemps, le carburant seul a été l'objectif, mais maintenant qu'un département des forêts élaboré a été créé sclon les principes les plus scientifiques, il existe un danger que la forêt soit le seul objectif, et le coût du carburant ainsi élevé par les réglementations, admirable dans eux-mêmes, que l'économie du chemin de fer ougandais pourrait être compromise. Et n'oublions jamais que le chemin de fer ougandais est le moteur de toute cette entreprise. Ce qu'il faut ici, comme ailleurs, c'est un compromis harmonieux entre des intérêts opposés et conflictuels. C'est tout.

Bientôt, notre guide commença à nous parler des créatures étranges qui vivent dans la forêt et que l'on voit parfois tout près des coupeurs de combustible : des antilopes très rares, d'énormes buffles, des oiseaux et des papillons étonnants qui dépassent l'imagination. Il avait réussi à se lier d'amitié avec les Wandorobo, une tribu d'indigènes forestiers qui vivent plongés dans ces ombres impénétrables, et qui sont si timides que, si une fois un étranger pose les yeux sur leur village, ils l'abandonnent aussitôt ; mais qui sont en même temps si taquinés par la curiosité qu'ils ne peuvent résister à l'envie de regarder, de plus en plus près des coupeurs de combustible, jusqu'au jour où des relations commerciales s'établiront sur la base du sucre pour peaux. Je commençais à peine à m'intéresser à ces écureuils des bois, lorsque nous sommes entrés dans la chaleur brûlante du soleil de midi qui s'abattait sur la voie ferrée polie, et avons dû grimper sur notre vacher pour nous précipiter vers une véritable scierie à vapeur. dix milles plus loin sur la ligne.

Au fur et à mesure que le voyage avance, le train monte de plus en plus haut et l'aspect du pays change. La forêt, qui jusqu'ici chevauchait étroitement la ligne de chaque côté, forme maintenant une division équitable avec des collines d'herbe. Et il y a cette particularité extraordinaire : là où se terminent les zones forestières, elles s'arrêtent brusquement. Il n'y a pas de ceinture d'arbres moins épaisse ; pas de transition. Des pentes douces d'herbe s'étendent jusqu'à la lisière de la forêt vierge, tout comme en Angleterre la prairie s'étend jusqu'à la lisière du couvert. L'effet est de rendre le paysage étonnamment chaleureux. C'est comme voyager à travers une série de parcs gigantesques, où la main de l'homme décide depuis des centaines d'années exactement où les arbres doivent pousser et où ils ne doivent pas pousser.

GUERRIERS KAVIRONDO À KISUMU.

Vers l'ouest, de grandes plaines sont visibles, en apparition brumeuse, à travers les failles du plateau. Enfin nous arrivons au sommet de l'escarpement, et nous nous arrêtons pour déjeuner près d'un indicateur qui indique huit mille deux cent quatre-vingt-dix pieds au-dessus du niveau de la mer. Au sud s'élève une colline à environ cinq cents pieds au-dessus de nous, du haut de laquelle on peut voir les eaux du Grand Lac, comme les eaux d'un océan lointain.

Géographiquement, nous avons désormais atteint le point culminant de ce long voyage. Désormais, pour retrouver le chemin du retour, il suffit de descendre, guidés par la force de gravité, d'abord rapidement le long de la voie ferrée jusqu'au lac Victoria, puis tranquillement avec le courant du Nil jusqu'à la Méditerranée. Les hauts plateaux de l'Afrique de l'Est, avec leur air frais et leur aspect anglais, doivent maintenant être laissés derrière eux - non sans beaucoup de regrets - et le voyageur se posera sur un monde intermédiaire s'étendant à un niveau d'environ quatre mille pieds, dans où prévaut un ordre de conditions entièrement différent. Descendant ensuite à trente milles à l'heure, le long des vallées spacieuses, autour des épaules des collines, à travers des ponts de fer minces, à travers les poutres desquels on regarde les torrents jaillir loin en contrebas, en avant vers le lac. En une heure, la température a sensiblement changé. Un pardessus n'est plus nécessaire, même si vous roulez devant le moteur. En deux heures, le climat est chaud et humide avec la chaleur étouffante des tropiques. La fraîcheur a disparu de l'air, et à sa place est ce sentiment d'oppression étouffante qui précède les orages si fréquents à cette saison de l'année.

Afin d'éviter une nuit chaude sur les rives du lac, nous nous arrêtâmes à Fort Ternan, nom sans lieu, à environ quarante milles de Kisumu et à un peu plus de mille pieds au-dessus de lui. Et c'est ici que la tempête qui couvait tout l'après-midi sur la face ouest de l'escarpement de Mau éclata sur nous. Même après dix mois passés dans le veld sud-africain, j'étais étonné par sa fureur. Pendant près de deux heures, le tonnerre gronda et gronda en d'énormes éclats…

"Comme l'eau jetée d'un haut rocher,

La foudre est tombée sans un coup sec,

Une rivière escarpée et large, "

tandis que la pluie tombait en nappes d'eau dont une seule rafale vous trempait jusqu'aux os. Mais notre train est un abri efficace. Nous dînons confortablement au milieu de la tempête, puis, dans une atmosphère plus fraîche, nous levons les yeux vers des étoiles repentantes et un ciel taché de larmes.

A l'aube nous sommes à Kisumu. Il y a une agitation d'hommes, une plate-forme bondée, des soldats en ordre, des groupes de commerçants indiens, des centaines d'indigènes de Kavirondo en plus grand déshabillage, banderoles et présentations. De grands bateaux à vapeur blancs longent la jetée, et au-delà, les eaux du lac luisent pour accueillir le lever du soleil. Kisumu, ou Port Florence comme on l'appelle parfois, est le terminus ouest du chemin de fer ougandais et le principal port du lac Victoria. Il possède ce qu'on me dit être le plus haut chantier naval du monde et c'est l'endroit où ont été rassemblés tous les bateaux à vapeur qui sillonnent actuellement le lac. Un cargo de huit cents tonnes est actuellement en construction et sera mis à l'eau dans quelques mois pour répondre au trafic croissant du Nyanza. La gare elle-même est jolie ; ses maisons soignées et ses arbres ombragés, adossés aux collines, surplombent la vaste étendue de la baie de Kavirondo et ses promontoires qui l'entourent. Malheureusement, c'est insalubre, car le climat est déprimant et les eaux usées s'accumulent dans une crique peu profonde et sans marée. Un jour, l'une des deux choses suivantes se produira : soit les eaux du Victoria Nyanza seront soulevées par un barrage au-dessus des chutes de Ripon et la baie de Kavirondo sera proportionnellement approfondie et nettoyée, soit le chemin de fer sera dévié et prolongé jusqu'à son terminus naturel sur le fleuve. eaux profondes du lac de Port Victoria.

La tribu Kavirondo, la plus nombreuse de cette partie du pays, avait organisé une imposante manifestation. En rangées denses, ils bordaient la route allant de la gare à la maison du commissaire, et notre groupe marchait parmi eux dans un parfait brouhaha de cors, de tambours et de salutations stridentes. Tous les guerriers portaient leurs lances, leurs boucliers et leurs peintures de guerre, et la plupart portaient de splendides plumes d'autruche. Les Kavirondo sont nus et sans honte. Les deux sexes sont habitués à se promener dans la simplicité primitive de la Nature. Leur nudité n'est pas basée sur une simple ignorance mais sur une politique raisonnée. Ils ont un préjugé très fort contre le port de vêtements, qu'ils déclarent conduire à l'immoralité ; et aucune femme Kavirondo ne peut s'habiller, même avec les vêtements les plus exigus, sans ternir sa réputation. On dit qu'ils sont la plus morale de toutes les tribus habitant les rives du lac. Il est dommage que M. Diogène Teufelsdröckh, de l'Université de Weissnichtwo, ne les ait pas rencontrés au cours de ses errances accidentées, car ils lui auraient sûrement permis d'ajouter une page supplémentaire à son ouvrage monumental sur les fonctions du tailleur.

NANDI ET KAVIRONDO WARRIORS À KISUMU.

Je me réveille le lendemain matin pour me retrouver à flot sur un magnifique navire. Ses ponts longs et spacieux sont aussi enneigés que ceux d'un yacht de plaisance. Elle est équipée de bains, de lumière électrique et de tout le nécessaire moderne. Il y a une excellente table, ainsi qu'une bibliothèque bien sélectionnée. Des vestes bleues élégantes, aux visages d'ébène, polissent les cuivres ; Des officiers de la marine britannique pimpants et vêtus de blanc arpentent le pont. Nous naviguons à dix milles à l'heure à travers une immense mer d'eau douce aussi grande que l'Écosse et élevée plus haut que le sommet du Ben Nevis. Parfois, nous sommes dans un cercle complet de lac et de ciel, sans la moindre trace de terre. Parfois, nous longeons de hautes côtes couvertes de forêts et couronnées de lointaines montagnes bleu-brun, ou nous filons notre route entre une multitude d'îles magnifiques. L'air est frais et frais, le paysage splendide. Nous pourrions faire du yachting au large des Cornouailles en juillet. Nous sommes sur l'équateur, au cœur de l'Afrique, et traversons le Victoria Nyanza, à quatre mille pieds au-dessus de la mer !

CHAPITRE V

LE ROYAUME D'OUGANDA

Le Protectorat de l'Afrique de l'Est est un pays du plus haut intérêt pour le colon, le voyageur ou le sportif. Mais le Royaume d'Ouganda est un conte de fées. Vous montez sur une voie ferrée au lieu d'un haricot magique, et à la fin vous découvrez un nouveau monde merveilleux. Le paysage est différent, la végétation est différente, le climat est différent et, par-dessus tout, les gens sont différents de tout ce qu'on peut voir ailleurs dans toute l'Afrique. Au lieu des hautes terres venteuses, nous entrons dans un jardin tropical. À la place de sauvages nus et peints, frappant leurs lances et baragouillant en chœur à l'intention de leurs chefs de tribu, un régime politique complet et élaboré est présenté. Sous un roi dynastique, doté d'un Parlement et d'un système féodal puissant, une race aimable, habillée, polie et intelligente vit ensemble dans une monarchie organisée sur le riche domaine situé entre les lacs Victoria et Albert. Plus de deux cent mille autochtones savent lire et écrire. Plus de cent mille personnes ont embrassé la foi chrétienne. Il y a une cour, il y a des régents, des ministres et des nobles, il y a un système régulier de lois et de tribunaux indigènes ; il y a la discipline, il y a l'industrie, il y a la culture, il y a la paix. En fait, je me demande s'il existe un autre endroit au monde où les rêves et les espoirs du négrophile, si souvent moqués par les résultats et les faits obstinés, ont jamais atteint une réalisation aussi heureuse.

KISUMU.

Trois influences distinctes, chacune puissante et bienveillante, exercent un contrôle sur la masse de la nation Baganda. Premièrement, l'autorité impériale, laïque, scientifique, désintéressée, irrésistible ; deuxièmement, un gouvernement indigène et une aristocratie féodale, corrigés de leurs abus, tout en conservant leur vitalité ; et troisièmement, une entreprise missionnaire à une échelle presque inégalée. Sous l'abri du drapeau britannique, à l'abri des menaces extérieures ou des ennuis internes, l'enfant-roi grandit jusqu'à une maturité tempérée et instruite. Entouré de ses officiers d'État, il préside les séances de son conseil et du Parlement, ou prie dans l'immense cathédrale au toit de chaume élevée sur la colline de Namirembe. Fortifiés dans leurs droits, mais retenus contre les excès tyranniques et guidés par une puissance extérieure, ses feudataires exercent leurs fonctions propres. Les gens, soulagés des rigueurs et de la confusion des temps d'il n'y a pas si longtemps, sont aptes à apprendre et disposés à obéir. Et parmi eux, avec une énergie patiente, travaille un grand nombre d'hommes chrétiens dévoués de différentes nations, de différentes Églises, mais d'une charité commune, répondant à leurs besoins spirituels, élargissant leurs conceptions sociales et morales et faisant progresser leur éducation d'année en année.

Une élégance de manières née d'une simplicité naïve de caractère imprègne toutes les classes. Un rituel élaboré de salutations amicales soulage la monotonie du voyage du voyageur. Une soumission sans servilité ni perte de respect de soi est accordée à l'autorité constituée. Les indigènes font preuve d'un désir d'acquérir des connaissances et d'une très grande faculté d'observation et d'imitation. Et puis l'Ouganda est d'un bout à l'autre un magnifique jardin, où la nourriture de base de la population pousse presque sans travail, et où presque tout le reste peut être cultivé mieux et plus facilement que partout ailleurs. Le planteur des meilleures îles des Antilles s'étonne de la richesse du sol. Le coton pousse partout. Le caoutchouc, les fibres, le chanvre, la cannelle, le cacao, le café, le thé, la coca, la vanille, les oranges, les citrons, les ananas sont naturels ou prospèrent dès l'introduction. Quant à nos produits du jardin anglais, mis en contact avec la surface de l'Ouganda, ils donnent simplement une efflorescence ou une fructification sauvage et brisent les cœurs de joie. Cela ne ressemble-t-il pas au paradis sur terre ? Approchez-vous-en et considérez-le de plus près.

Le bon navire *Clement Hill* , du nom d'un explorateur africain bien connu, nous a transporté en douceur et prospèrement à travers le coin nord du Victoria Nyanza et atteint le quai d'Entebbe alors que l'après-midi touche à sa fin. La première impression qui frappe l'œil du visiteur fraîchement débarqué de Kavirondo est le spectacle de centaines d'indigènes tous vêtus de longs vêtements blancs et propres qu'ils portent avec dignité et aisance. Au débarcadère, une sorte de pavillon a été érigé, et ici viennent des députations de la Chambre de Commerce, un groupe limité d'Européens, de la communauté Goanaise et de la nombreuse colonie de marchands indiens. Un tonga tiré par deux mules m'emmène à Government House, et depuis une large véranda à l'épreuve des moustiques, je peux contempler une perspective vraiment délicieuse. Les plus belles plantes et arbres poussent à profusion de tous côtés. Au-delà d'un éclat de fleurs violettes, pourpres, jaunes et pourpres et d'une étendue de pelouses vertes et uniformes, le grand lac bleu se trouve dans toute sa beauté. Les collines et les îles à l'horizon commencent tout juste à s'éclairer au coucher du soleil. L'air est doux et frais. Sauf que la photo paraît en réalité plus anglaise dans son caractère, on croirait qu'il s'agit de la Riviera. Cela doit être trop beau pour être vrai.

C'est *trop* beau pour être vrai. Il est difficile de croire qu'un endroit aussi attrayant puisse être maudit par des attributs malins. Pourtant, ce qui est vrai pour le Protectorat d'Afrique de l'Est l'est encore plus pour l'Ouganda. Le contraste entre apparence et réalité est plus frappant et plus dur. Derrière son masque scintillant, Entebbe arbore un aspect sinistre. Ces îles souriantes qui ornent et diversifient les paysages du lac abritaient il y a quelques années une population nombreuse. Aujourd'hui, ils sont désolés. Chaque homme blanc semble ressentir un sentiment d'oppression indéfinissable. Une coupure ne guérira pas ; une égratignure s'envenime. Au cours de la troisième année de résidence, même une petite blessure devient une plaie récurrente. Un jour, un homme se sent parfaitement bien ; le suivant, sans cause apparente, il est prosterné par le paludisme, et par un paludisme d'une espèce particulièrement persistante, se transformant souvent, lors de la troisième ou de la quatrième crise, en fièvre des eaux noires. Dans la petite communauté européenne d'Entebbe, il y a eu tout récemment deux suicides. Que ce soit, comme je l'ai suggéré en Afrique de l'Est, qu'il s'agisse de l'altitude, ou du rayon descendant du soleil équatorial, ou des insectes, ou de quelque cause plus subtile, il semble y avoir un veto solennel placé sur la résidence permanente de l'homme blanc dans ces pays. de belles demeures.

MAISON DU GOUVERNEMENT, ENTEBBE.

Nombreux sont ceux qui préconisent l'abandon d'Entebbe comme capitale administrative et le rétablissement du siège du gouvernement à Kampala. Mais les dépenses liées au transfert des bureaux et des bâtiments publics récemment construits vers un autre site dépassent largement les maigres ressources et ne font pas partie des besoins les plus urgents du protectorat ougandais. De grandes améliorations ont été apportées récemment à l'assainissement d'Entebbe. Les buissons et les arbres, qui ajoutaient tant à son aspect pittoresque, ont été impitoyablement abattus ; et avec eux, *mirabile dictu* , ont disparu le moustique et la mouche tsé-tsé. À un demi-mille de chaque côté de la colonie se trouvent des bosquets dans lesquels il pourrait facilement être mortel d'entrer ; mais la zone habitée est désormais bien nette.

En outre, l'insalubrité générale du pays en ce qui concerne les Européens n'est pas propre à Entebbe. Il est largement répandu à des degrés légèrement différents dans tout l'Ouganda ; et Kampala n'est certainement pas exempté. Enfin, il y a une raison d'un autre caractère qui devrait imposer un obstacle définitif à tout retour du gouvernement impérial dans la ville natale. L'Ouganda est un État autochtone. Une grande partie de notre succès dans nos relations avec sa population vient du fait que nous travaillons par l'intermédiaire et par le gouvernement autochtone. Et ce gouvernement ne pourrait manquer de perdre une grande partie, sinon la totalité, de son identité distincte et naturelle s'il était dépassé par la proximité immédiate de l'Administration suprême.

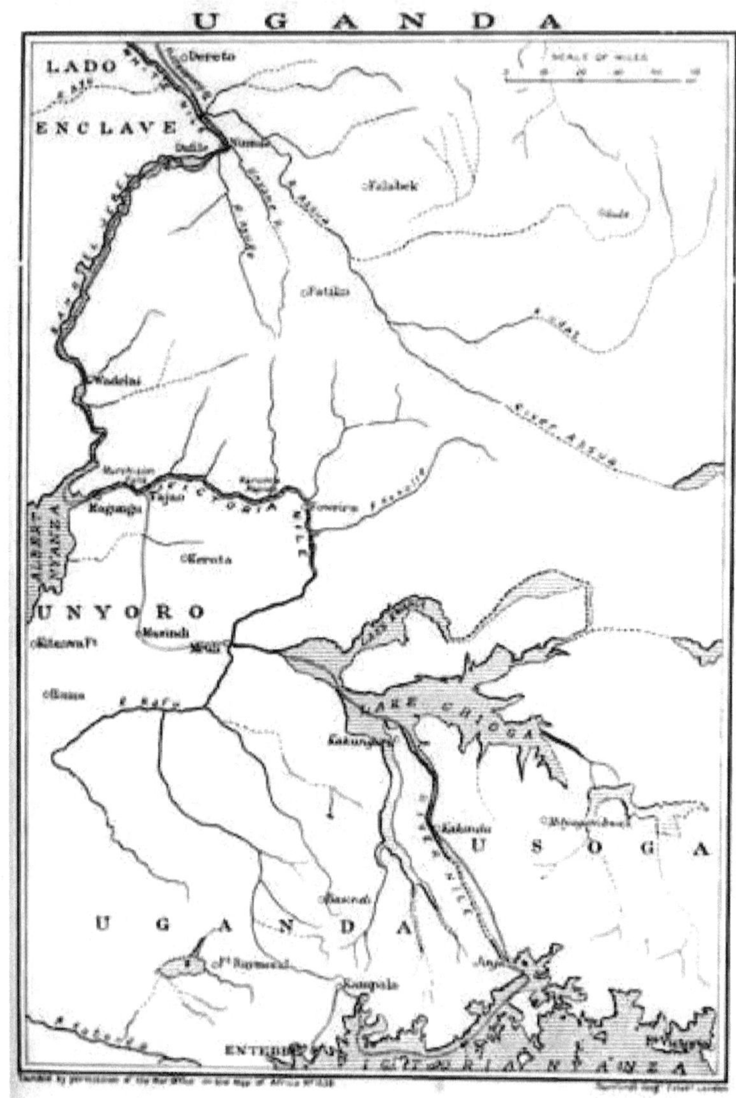

OUGANDA
Fondée avec l'autorisation du War Office sur la carte de l'Afrique n °
1539.
Stanford's Geog ʳ Estab ᵗ . Londres.

Pour une nouvelle station dans un pays presque inconnu, Entebbe présente certainement de nombreuses preuves remarquables de progrès. Les pentes des rives du lac sont couvertes de jolies villas, chacune dressée dans son propre jardin luxuriant. Il y a un excellent terrain de golf et une société très brillante et agréable. Le gardien de tout cela est le Sikh. Il existe deux compagnies de ces soldats, l'une à Entebbe et l'autre à Kampala, qui, étant totalement immunisés contre les influences locales de toutes sortes, constituent ce que M. Gladstone appelait le « muscle moteur » de l'autorité impériale. J'ai toujours admiré les Sikhs en Inde, tant dans leurs cantonnements que sur le terrain. Mais d'une manière ou d'une autre, sa silhouette militaire gracieuse et son visage grave sous le turban alors qu'il se tient debout à côté de son fusil surveillant les intérêts britanniques à six mille milles du Pendjab, impressionnent l'œil et l'imagination avec une force supplémentaire. C'est un volontaire choisi parmi tous les régiments sikhs, qui se réjouit en Ouganda, prospère sous son soleil, pour lui, plus doux, vit de rien, économise son salaire doublé et retourne en Inde enrichi et fier de son service à travers la mer. Si à un moment quelconque des considérations de dépenses, ou le désir d'obtenir une homogénéité complète dans les forces militaires du Protectorat, devaient conduire à la dissolution ou au retrait de ces deux sociétés, ceux qui prendront la décision auront encouru une responsabilité dont peu de gens se soucieraient. à partager avec eux.

En ce qui concerne la force humaine, la puissance britannique dans ces régions est actuellement hors de tout défi. Aucun homme ne peut y résister. Mais un nouvel adversaire est apparu et ne se démentira pas. L'Ouganda est défendu par ses insectes. Il semblerait même que l'arrivée de l'homme blanc et le mouvement et l'activité accrus que sa présence a engendrés aient éveillé ces formidables atomes à la prise de conscience de leurs pouvoirs maléfiques. La redoutable tique *Spirillum* a commencé à infester les routes comme un minuscule coussinet, et pratiquement aucune précaution n'est efficace avec certitude contre elle. Cette tique est une créature sale et de couleur terne, de la taille et de la forme d'un petit pois écrasé. Lorsqu'il mord une personne infectée, il ne contracte pas lui-même la fièvre Spirillum et ne la transmet pas directement à d'autres personnes. Par une disposition particulièrement malveillante de la nature, ce pouvoir n'est pas exercé par lui mais par ses descendants, qui se comptent par centaines. Le poison se propage alors selon une progression incalculable. Bien que cette fièvre ne soit pas mortelle, elle est exceptionnellement douloureuse dans son évolution et pénible par ses conséquences. Il y a cinq ou six accès de fièvre séparés et successifs, dans lesquels la température de la victime peut monter jusqu'à 107 degrés ; puis les yeux et l'ouïe sont temporairement affectés par une sorte de paralysie faciale. Route après route a été déclarée infectée par ce fléau, et officier après officier abattu alors qu'il se déplaçait d'un endroit à l'autre. La seule mesure préventive sûre semble être la destruction de toutes les vieilles cabanes en herbe et terrains de camping, et l'érection le long des routes d'un système régulier de maisons de repos en pierre, correctement entretenues et désinfectées, dans lesquelles le voyageur peut se réfugier. du péril qui nous guette. Et cela devra être fait.

Mais une ombre bien plus terrible assombrit le protectorat ougandais. En juillet 1901, un médecin de l'hôpital de la Church Missionary Society de Kampala remarqua huit cas d'une maladie mystérieuse. Six mois plus tard, il rapportait que plus de deux cents indigènes en étaient morts dans l'île de Buvuma et que des milliers semblaient être infectés. La peste s'est rapidement répandue dans tous les districts riverains du lac et la mortalité a été effroyable. Personne ne pouvait dire d'où cela venait ni à quoi cela était dû. Il résistait à tout type de traitement et paraissait universellement mortel. Des recherches scientifiques de toutes sortes furent immédiatement entreprises, mais pendant longtemps aucun résultat ne fut obtenu, et entre-temps la maladie se propageait le long des côtes et des îles du grand lac comme le feu dans un vent violent. Au milieu de l'année 1902, les décès dus à *la trypanosomiase* , ou « maladie du sommeil », comme on l'appelle désormais, s'élevaient à plus de trente mille. Elle continue de se propager rapidement de tous côtés, et aucune idée de son traitement ou de sa prévention n'a été obtenue. Il semblait certain que la population entière des districts touchés était condamnée.

Le 28 avril 1903, le colonel Bruce, dont les services avaient été retenus pour l'enquête sur la « maladie du sommeil » par l'intermédiaire de la Royal Society, annonça qu'il considérait la maladie comme étant due à une sorte de trypanosome, transmis d'une personne à une autre. un autre par la piqûre d'une espèce de mouche tsé-tsé appelée *Glossina palpalis* . Sa théorie était fortement étayée par le fait que la maladie semblait limitée aux localités infestées par la mouche. La ceinture anti-mouches pouvait également être définie avec précision et s'étendait rarement à plus d'un mile ou deux de l'eau. La nouvelle selon laquelle les Européens ne pouvaient plus se considérer à l'abri de l'infection a provoqué, comme on peut l'imaginer, une grande consternation au sein de la communauté blanche. Presque tout le monde avait été piqué par des glossines à un moment ou à un autre, mais la question de savoir si cette espèce particulière était réellement infectée restait en suspens. De plus, les mouches tsé-tsé abondaient en si grand nombre sur toutes les parties des rives du lac que leur destruction massive semblait tout à fait impossible. Et alors ?

Pendant un certain temps, la découverte du colonel Bruce paralysa presque toutes les mesures préventives et restrictives. Le fléau est tombé sans contrôle. À la fin de 1903, les décès signalés s'élevaient à plus de quatre-vingt-dix mille et les rives du lac se dépeuplaient rapidement. Des villages entiers furent complètement exterminés et de vastes étendues d'Usoga, autrefois réputées pour leur état élevé de culture, retombèrent en forêt. La faiblesse des victimes et la terreur ou l'apathie des survivants permirent une augmentation soudaine du nombre de léopards, et ces animaux féroces s'attaquèrent avec audace et impunité aux vivants, aux mourants et aux morts.

D'autres investigations, menées avec anxiété dans de nombreuses directions, ont révélé l'existence de la mouche tsé-tsé sur de vastes zones. A l'intérieur d'Usoga, sur les rives de nombreuses rivières, dans les marécages des rives du lac Albert et du lac Albert-Édouard, ces essaims d'émissaires de la mort attendaient leur message. Il suffisait pour les armer de leur pouvoir mortel de l'arrivée d'une personne infectée par le microbe. Les rives Albert et plusieurs parties du Haut Nil devinrent bientôt de nouveaux foyers de peste. Des milliers de morts sont survenus à Unyoro. À la fin de 1905, plus de deux cent mille personnes avaient péri dans les régions frappées par la peste, *sur une population* de ces régions *qui ne pouvait pas dépasser trois cent mille* .

Toute diminution de la mortalité dans une région jusqu'à présent est due, non à une diminution de la virulence de la maladie, mais simplement à la réduction des victimes possibles, due à l'extermination des habitants. Buvuma, il y a quelques années une des îles les plus prospères, en compte moins de quatorze mille sur trente mille. Certaines îles du groupe de Sesse ont perdu toute âme, tandis que dans d'autres, quelques indigènes moribonds, rampant aux derniers stades de la maladie, sont tout ce qui reste pour représenter une population autrefois foisonnante.

« On aurait pu s'attendre, écrit Sir H. Hesketh Bell, gouverneur de l'Ouganda, à qui je suis redevable de précieuses informations sur ce sujet, que, même si les nègres se sont montrés incapables de comprendre la théorie de la transmission des maladie par l'intermédiaire des insectes, la mortalité indéniable des pays riverains du lac les aurait incités à fuir les terres sinistrées et à chercher dans les régions plus saines de l'intérieur un refuge contre la peste qui les tuait par milliers. Mais un fatalisme extraordinaire semble avoir paralysé les indigènes et, tout en déplorant la tristesse de leur sort, ils semblent avoir accepté la mort presque avec apathie.

La police scientifique, bien qu'arrivée tardivement sur les lieux du drame, suivait désormais de nombreux indices convergents. L'enquête thérapeutique sur le traitement et l'origine de la maladie, l'examen entomologique des lieux de villégiature, les habitudes, les dangers et l'histoire de la mouche, et troisièmement, des mesures administratives d'une autorité drastique sont maintenant sévèrement poussées. Les connaissances se sont accumulées. Combattre la maladie du sommeil, c'est comme étendre un vampire. Pour que le sort fonctionne, cinq conditions distinctes doivent être présentes : de l'eau, des buissons, des arbres, la mouche tsé-tsé (*Glossina palpalis*) et une personne infectée. Supprimez l'un d'entre eux et la malédiction est levée. Mais qu'ils soient tous réunis, et la destruction certaine de chaque être humain du district n'est qu'une question de temps.

Le gouvernement ougandais poursuit désormais une politique fondée sur l'appréciation de ces faits. Partout où il est nécessaire de se rendre sur les rives du lac, comme à Entebbe, Munyonyo, Ripon Falls, Fajao, etc., la mouche tsé-tsé est bannie ou éliminée en abattant les arbres, en débarrassant les buissons et en plantant à sa place les *Une citronnelle* vigoureuse à croissance rapide qui, une fois bien implantée, résiste à la végétation envahissante. Partout où il n'est pas possible de débarrasser les rivages des mouches tsé-tsé, il faut les débarrasser de leurs habitants. Et l'opération extraordinaire consistant à déplacer des populations entières de leurs anciennes maisons vers de nouveaux endroits – souvent contre leur volonté – a en fait été accomplie au cours de l'année dernière grâce à un effort combiné de ces trois formidables forces gouvernementales qui réglementent à partir de points de vue si différents. découvrez la vie et les libertés des Baganda.

Cela ne veut pas dire que les rives du lac devront être abandonnées pour toujours. En très peu de temps – certains disent deux jours, d'autres onze heures – la glossine infectée est débarrassée du poison et ne peut plus le communiquer ; et une fois la maladie éradiquée de la population, les personnes en bonne santé pourraient revenir et être mordues en toute impunité. D'un autre côté, on ne peut pas non plus espérer, à moins de mettre au point un remède susceptible d'être appliqué sur une grande échelle, que la mortalité dans un avenir immédiat diminuera sensiblement. Car plusieurs milliers de personnes sont encore touchées, et pour elles, la ségrégation, les soins et la compassion constituent les ressources actuelles de la civilisation.

Mais une chose est avant tout importante. Il ne faut pas perdre courage. A tout moment, les recherches menées dans tant de laboratoires et auxquelles le professeur Koch a pris une part dirigeante peuvent produire un remède thérapeutique absolu. Grâce aux mesures administratives maintenant vigoureusement appliquées, on estime que le contact mortel entre les personnes infectées et les mouches non infectées, entre les mouches infectées et les personnes non infectées, aura été effectivement rompu. Nous ne pouvons manquer d'en apprendre davantage sur la glossine. L'humble taon noir, impossible à distinguer pour l'observateur occasionnel des types inoffensifs, sauf que ses ailes sont soigneusement repliées comme une paire de ciseaux fermés, au lieu de s'écarter de chaque côté de son dos, est maintenant sous un regard brillant, scrutateur et oeil impitoyable. Qui sont ses ennemis ? Quels sont ses dangers ? Quelles conditions sont essentielles à son existence ? Quelles conditions sont mortelles ou hostiles ? Les commissions internationales discutent de lui autour de tables vertes, les hommes des tombes le regardent patiemment à travers des microscopes, les officiers d'active parcourent l'Afrique centrale pour le tracer sur des cartes. Un filet fin est tissé sans pitié autour de lui. Et l'homme ne peut-il pas trouver des alliés dans cette étrange guerre implacable ? Il y a des poissons qui détruisent les moustiques, il y a des oiseaux qui se nourrissent de mouches, il y a des plantes dont l'odeur ou la présence est répugnante ou nuisible à certaines formes de vie des insectes. Dans quels endroits et pendant combien de temps la mouche tsé-tsé continuera-t-elle à voler, comme à son habitude, au-dessus de l'eau douce et luisante, juste au-dessus des roseaux et des buissons, juste au-dessous des branches des arbres en surplomb ? *Glossina palpalis contre le monde !*

LE GOUVERNEUR AVEC LE GROUPE BAGANDA.

Je n'ai pas cherché à cacher les périls en décrivant les richesses et les beautés de l'Ouganda. Les contrastes durs de la terre, ses nobles potentialités, ses maladies hideuses, sa fécondité de vie et de mort, peuvent être illustrés par bien plus de faits et d'exemples que je ne peux en exposer ici. Mais quelle obligation, quel devoir sacré est imposé à la Grande-Bretagne d'entrer en lice en personne et de protéger cette race Baganda confiante, docile et intelligente des dangers qui, quelle qu'en soit la cause, ont synchronisé avec notre arrivée parmi eux ! Et, en attendant, soyons sûrs que l'ordre et la science vaincraont, et qu'à la fin John Bull sera vraiment maître dans son curieux jardin de soleil et de morelle mortelle.

CHAPITRE VI

KAMPALA

Deux jours après mon arrivée à Entebbe, le gouverneur m'a emmené à Kampala. La distance entre l'ancienne capitale administrative et la capitale administrative est d'environ vingt-quatre milles. La route, bien que non goudronnée, roule sur un grès si ferme et si lisse, presque poli par les pluies, que, sauf en quelques endroits, elle supporterait bien une automobile, et une bicyclette est un excellent moyen de progression. Les automobiles du gouvernement ougandais, qui roulent maintenant bien et régulièrement, n'étaient cependant pas encore arrivées et la méthode habituelle consistait à se déplacer en pousse-pousse. Montés dans cette légère voiture à roues de bicyclette, tirée par un seul homme entre les brancards et poussée par trois autres par derrière, nous pouvions parcourir plus de six milles à l'heure dans un style très confortable.

Les pousse-pousse, soigneusement vêtus de tuniques blanches et de casquettes rouges, étaient relevés tous les huit milles. Ils ont leur propre façon de faire des affaires. A partir du moment où les voyageurs sont assis dans le pousse-pousse et que leur travail commence, ils se lancent dans une antiphonie toujours variée mais absolument interminable, qui, si elle les épuise, sert sans doute à leur remonter le moral. « Burrulum », crient les pousseurs ; "Huma", dit l'extracteur. "Burrulum", répètent les pousseurs, et ainsi de suite pendant très longtemps. Tous ces chants ont leur signification, et si le voyageur s'avère lourd ou ignorant la langue, il ne sera pas toujours complimenté par une traduction correcte. L'expression que j'ai citée signifie « fer sur bois » ; et sa signification est que le fer de la force et de l'habileté européennes, si supérieurs soient-ils, ne peut cependant se passer du bois du travail et de l'endurance indigènes. Personne ne contesterait des sentiments aussi irréprochables. Pourtant, même ceux-ci perdent leur saveur à force de répétition, et après une demi-heure de « Burrulum » et « Huma », j'ai été contraint de demander aux chanteurs s'ils ne parviendraient pas à nous transmettre en silence. Ils ont fait de leur mieux, mais je voyais qu'ils étaient mécontents, et au bout d'un moment, par compassion et pour améliorer le rythme, j'ai levé l'interdiction, et le chœur a repris avec joie sous une forme nouvelle et plus élaborée.

Les manières des Baganda sont cérémonieuses dans une certaine mesure. Ils méritent bien la description que Sir Harry Johnston fait d'eux comme « les Japonais de l'Afrique ». Si vous dites « Bonjour » à un étranger sur une route anglaise, il est probable que sa surprise le jettera dans une posture de légitime défense ; mais lorsque deux Baganda se rencontrent, ils commencent à se saluer dès qu'ils sont à portée de voix. "Comment vas-tu?" crie celui-là. "Qui suis-je pour que tu veuilles le savoir ?" répond l'autre. "Aussi humble que je sois, j'ai pourtant osé", répond le premier. "Mais dis d'abord comment vas-*tu* ", poursuit le second. "Le mieux pour l'honneur que vous m'avez fait", est la réponse. Par là, ils se sont déjà dépassés, et il ne reste plus que le temps pour l'affabilité parthe : « L'honneur est à moi, et je le chérirai », et un chevrotement de « A-a-a » délicatement modulés et prolongés. de contentement et de bonne volonté qui s'éteignent progressivement au loin, ne laissant ni l'un ni l'autre dans la pire situation, ni le mieux informé. Je dois ajouter, pour la prudence du lecteur, que le dialogue susmentionné n'est pas un rituel invariable. Les phrases peuvent être variées *à l'infini* selon l'occasion ; mais cela suffira à illustrer ces courtoisies routières.

GUERRIERS BAGANDA À KAMPALA.

Si vous souhaitez rendre un Baganda parfaitement heureux, il vous suffit de dire « Way wally », ce qui signifie une sorte de « Bien joué » extrêmement sérieux. Dès que cette expression talismanique aura quitté vos lèvres, l'indigène à qui elle s'adresse tombera probablement à genoux et, joignant ses deux mains, les balancera d'un côté à l'autre, comme s'il jouait de l'accordéon, pendant que tout le moment où son visage rayonne d'un sourire des plus bienveillants et compulsifs, et il ronronne : « A-o, a-o, a-o », autant pour dire : « Ma coupe de joie déborde ». Il n'est pas conforme à nos idées que l'homme doive s'agenouiller devant l'homme, et cela nous met mal à l'aise. Il ne faut cependant pas penser que l'action, telle qu'elle est accomplie par le Baganda, implique ou implique une quelconque servilité. Ce sont leurs bonnes manières – et elles sont censées ne plus exister. Et une fois habitués, ils ne semblent pas non plus perdre en dignité. Eux seuls gagnent votre cœur.

La route d'Entebbe à Kampala traverse un pays délicieux. Sur toute sa longueur, une double allée d'hévéas vient d'être plantée, et derrière eux, de chaque côté, de larges bandes de cotonniers, belles avec leurs fleurs jaunes ou leurs capsules blanc rosé. Le coton upland américain cultivé en Ouganda coûte en fait plus cher sur le marché de Manchester que lorsqu'il est cultivé aux États-Unis. Il ne semble y avoir pratiquement aucune difficulté naturelle à sa culture dans la plus grande partie de l'Ouganda. Un grand développement n'est qu'une question d'organisation et… d'argent.

Mais j'ai oublié que nous avancions rapidement sur la route de Kampala et que nous sommes maintenant presque en vue de la ville. Presque, mais pas tout à fait ; car, à vrai dire, personne n'a jamais vu Kampala. Le voyageur voit les bâtiments gouvernementaux et les résidences soignés et impeccables sur une colline ; il voit sur une autre la maison du Roi et celles de ses Ministres. Sur une troisième, une quatrième ou une cinquième colline, il aperçoit successivement la cathédrale protestante, la mission catholique et le monastère du Père Blanc. Mais Kampala, foyer de soixante mille personnes, est invisible en permanence. La ville entière est ensevelie sous les feuilles d'innombrables plantations de bananiers, qui fournissent de l'ombre et de la nourriture à ses habitants, et au milieu desquelles leurs huttes sont disséminées et absolument cachées.

LES BATTEURS DU ROI DAUDI À KAMPALA.

REGARDER LA DANSE DE GUERRE À KAMPALA.
(Major Jenkins, M. Churchill, le roi Daudi, Sir H. Hesketh Bell.)

Nous étions encore à trois milles de cette « cité-jardin » lorsque la réception indigène commença, et nous avons parcouru un quart de mille entre des lignes de Baganda en robe blanche, tous rassemblés par leurs chefs et frappant dans leurs mains en signe de bienvenue. Enfin, notre cortège de pousse-pousse atteignit une butte au bord de la route, au sommet de laquelle se dressait un pavillon, magnifiquement construit en grosse herbe à éléphant, semblable à de fines cannes polies tissées ensemble avec un art curieux. De cette éminence, par un chemin semé de joncs, vinrent à notre rencontre le roi et ses notables dans une tenue des plus imposantes. Daudi Chewa, le roi ou Kabaka d'Ouganda, est un petit garçon gracieux et distingué de onze ans. Il était simplement vêtu d'une ample robe noire bordée d'or et d'un petit bonnet cerclé d'or blanc. Autour de lui se trouvait le Conseil de Régence ; et à sa droite se tenait le Premier ministre, Sir Apolo Kagwar, un homme puissant et déterminé, vêtu d'une robe cramoisie bordée d'or, sur laquelle brillaient de nombreuses décorations, plusieurs médailles de guerre britanniques et l'Ordre de Saint-Michel et Saint George.

Nous nous sommes tous serrés la main, puis avons été conduits dans le pavillon, où nous nous sommes assis sur des chaises en osier et avons mangé des gelées sucrées pendant que nous conversions. Le roi, qui est éduqué avec le plus grand soin par un tuteur anglais, comprend et parle assez bien l'anglais, mais cette fois-ci, il semblait trop timide pour dire bien plus que « Oui » ou « Non », d'une voix douce et traînante, et cet entretien formel prit bientôt fin.

L'après-midi fut consacré à la cérémonie ; car le commissaire de l'Ouganda devait prêter serment au rang de gouverneur, auquel il a été récemment élevé ; et il y eut un défilé de troupes, auquel participèrent environ cinq ou six cents soldats très élégants, dirigés par la compagnie des Sikhs de Kampala. Ce n'est que lorsque les ombres ont commencé à s'allonger que nous avons visité le Kabaka sur la Royal Hill. Il nous a reçus dans son Parlement. Dans ce grand bâtiment en herbe magnifiquement construit, environ soixante-dix chefs et notables Baganda étaient rassemblés. Le petit Kabaka était assis sur son trône et ses sujets se groupaient autour et devant lui. On nous a donné des sièges à ses côtés et le Premier ministre a expliqué que le Baganda nous montrerait la cérémonie de prestation de serment d'un chef. L'un des conseillers les plus corpulents et les plus dignes s'avança alors au centre de la salle, se jeta la face contre terre et déversa un torrent d'affirmations de loyauté. Après quelques minutes, il se releva et commença à brandir ses lances, tout en prêchant son serment, jusqu'à ce qu'il ait créé une extraordinaire apparence de passion. Finalement, il se précipita hors du bâtiment pour aller massacrer les ennemis du roi à l'extérieur. Ce n'est que lorsqu'il revint un instant plus tard, calme, posé et respectable, que je compris, au sourire joyeux sur son visage et à la gaieté de la société, qu'il « faisait seulement semblant » et que la cérémonie n'était qu'un simple événement. une représentation donnée pour nous intéresser.

EN ROUTE POUR KAMPALA.

ROUTE ENTRE JINJA ET LE LAC CHIOGA.

Cet incident est remarquable car il illustre la rapidité avec laquelle le peuple Baganda laisse son passé derrière lui. Ils se moquent déjà d'eux-mêmes. Des cérémonies qui, il y a vingt ans, avaient une signification solennelle et terrible, sont aujourd'hui reproduites par ce peuple réfléchi, à peu près dans le même esprit que les citoyens de Coventry ravivent les progrès de Lady Godiva. La même chose s'est produite lors du bal de guerre le lendemain. Deux ou trois mille hommes, nus et maquillés pour la guerre, se précipitaient frénétiquement au rythme des tambours et de la musique barbare, avec tous les signes de sérieux et même de frénésie. Pourtant, quelques minutes plus tard, ils se moquaient les uns des autres d'un air penaud et s'inclinaient devant nous comme des acteurs devant le rideau, et le Premier ministre faisait un discours pour expliquer qu'il s'agissait d'un spectacle du mauvais vieux temps reproduit pour notre bénéfice. . En fait, les guerriers étaient si peu habitués à porter des armes que pas un sur dix ne pouvait trouver une lance pour s'armer, et ils devaient venir avec des bâtons et d'autres accessoires de scène.

Il y avait même un élément comique sous la forme d'un guerrier peint de manière ridicule et tenu par deux autres personnes avec une corde nouée autour de sa taille. C'était, nous dit-on, « l'homme le plus courageux de l'armée », qu'il fallait retenir pour éviter qu'il ne se précipite trop tôt dans la bataille. Il n'est pas facile de rendre compte de l'air d'amusement honnête et de bonne humeur qui imprégnait ces curieuses représentations, ni de mesurer le progrès intellectuel qu'impliquait l'attitude des Baganda à leur égard.

DANSE DE GUERRE À KAMPALA.
"L'homme le plus courageux de l'armée."

DANSE DE GUERRE À KAMPALA.

Le Kabaka nous a offert du thé chez lui. Il s'agit d'un bâtiment européen confortable, assez petit et modeste, mais joliment meublé et orné de gravures anglaises familières et de portraits de la reine Victoria et du roi Édouard. Peu à peu, il a vaincu sa timidité et m'a dit qu'il aimait le football plus que tout et que ses études mathématiques étaient poussées jusqu'à "GCM", initiales qui ne manquent jamais de réveiller dans mon esprit de désagréables souvenirs d'école. Il peut écrire une très bonne lettre en anglais, monte bien sur un joli poney et deviendra probablement un homme bien éduqué et accompli. Dans l'ensemble, c'est un spectacle très agréable de retrouver au cœur de l'Afrique, et au milieu de tant de barbarie, de misère et de violence, cette île aux mœurs douces et à la civilisation paisible.

Le lendemain fut un pèlerinage sans fin. J'ai décrit comment Kampala se trouve sous les feuilles des bosquets de plantains, sur les pentes de nombreuses collines. Chaque colline a ses occupants et son objectif particuliers. Chacune des différentes missions chrétiennes possède une colline qui lui est propre, et dans le mauvais vieux temps, un fusil Maxim n'était pas du tout considéré comme une aide inappropriée à l'effort chrétien. Il serait cependant très injuste d'accuser les missionnaires d'avoir créé les querelles et les luttes qui ont secoué l'Ouganda il y a douze ans. Le fait que la ligne de clivage entre les influences françaises et britanniques était également la ligne de clivage entre les convertis catholiques et protestants a donné un aspect religieux à ce qui était en réalité un conflit politique acharné. Ces troubles sont désormais définitivement terminés. L'arrivée sur la scène d'une mission catholique anglaise a empêché les rivalités nationales et les différences religieuses de s'aigrir mutuellement. L'érection d'un gouvernement stable et la suppression de tous les doutes quant à l'avenir de l'Ouganda ont conduit à une totale réduction des conflits entre des hommes dévoués et engagés dans une noble œuvre. Non seulement règne la paix entre les différentes missions chrétiennes elles-mêmes, mais le gouvernement ougandais, loin de considérer l'entreprise missionnaire avec une amère défaveur, est tout à fait conscient des services inestimables qui ont été et sont rendus quotidiennement par les missions à la population indigène. , et d'excellentes relations règnent.

LA MISSION DES PÈRES BLANCS À KAMPALA.

ENFANTS DE LA MISSION CATHOLIQUE ANGLAISE DE KAMPALA.

Dans le cadre de mon devoir, j'ai gravi une colline après l'autre et j'ai essayé de me familiariser avec les détails du travail missionnaire à Kampala. Elle comprend toutes les formes d'activité morale et sociale. Outre leur travail spirituel, qui n'a pas besoin d'être défendu ici, les missionnaires ont entrepris et entretiennent aujourd'hui tout le système éducatif du pays. Ils ont construit de nombreuses écoles excellentes et des milliers de jeunes Baganda apprennent à lire et à écrire dans leur propre langue. Le pays tout entier est parsemé de stations missionnaires subsidiaires, chacune étant un centre d'effort philanthropique et chrétien. Il y a de bons hôpitaux, avec des médecins et des infirmières ou des sœurs de charité habiles, en relation avec toutes les missions. Le plus grand d'entre eux, appartenant à la Church Missionary Society, est un modèle de ce que devrait être un hôpital tropical pour indigènes. A ces services s'ajoute désormais l'enseignement technique et, il faut espérer que le gouvernement pourra y coopérer. Je ne connais aucune autre partie du monde où l'influence et l'entreprise missionnaires aient été exercées avec autant de bienveillance, ni où des résultats plus précieux aient été obtenus.

Sur la colline de Namirembe, où se trouve le siège de la Church Missionary Society, une très belle cathédrale, avec trois hautes flèches pittoresques au toit de chaume, a été construite avec des matériaux très primitifs ; et c'est presque le seul bâtiment en Ouganda qui offre la moindre tentative d'exposition architecturale. À l'ombre de cela, je me suis retrouvé, dans l'après-midi du 20 novembre, occupé à ouvrir un lycée pour les savants plus avancés que ceux qui peuvent être instruits dans les établissements existants. Un public nombreux et bien habillé, indigène et européen, remplissait une salle de bonne dimension. Les érudits se sont rassemblés en une masse solide de jeunes vêtus de blanc sur le sol. Le Kabaka et Sir Apolo Kagwar, qui a lui-même cinq fils à l'école, étaient sur l'estrade. Le gouverneur a présidé. L'évêque a prononcé un discours. Les écoliers ont chanté des chansons et des hymnes anglais sur un ton et un rythme très bons. Il était étonnant de regarder la carte de l'Empire britannique accrochée au mur et de se rendre compte que tout cela se passait près de l'angle nord-ouest du Victoria Nyanza.

INTÉRIEUR DE LA CATHÉDRALE DE NAMIREMBE.

Il y a huit miles de Kampala à Munyonyo, son port actuel sur le lac, et cette distance nous avons parcouru en pousse-pousse sur une route choquante. Munyonyo n'est en soi qu'une jetée et quelques hangars, mais il offre un très bon exemple des effets salutaires de l'abattage de la brousse et de la forêt. Les moustiques et les glossines ont été complètement bannis de la zone nettoyée, et un endroit qui, il y a un an, était un piège mortel est désormais parfaitement sûr et sain. Des projets sont actuellement en cours pour construire un nouveau port un peu plus loin le long de la côte, à seulement huit kilomètres de Kampala ; et lorsque celui-ci a été relié à la capitale, comme il se doit, par une ligne de tramway monorail, il y a tout lieu de s'attendre à un commerce substantiel et croissant.

Le *Sir William Mackinnon* , un vénérable navire de la marine ougandaise, attendait notre groupe et nous avons navigué sur les eaux douces du lac, à travers un archipel d'îles magnifiques, toutes plus attrayantes les unes que les autres, et toutes dépeuplées par la maladie du sommeil. . Toute la journée, nous avons voyagé dans ces eaux abritées et le soir, les lumières de Jinja nous ont guidés vers notre destination. On ne peut s'empêcher d'admirer la chance qui a conduit Speke à sa passionnante découverte de la source du Nil. Il y a cinq cents golfes et criques sur la rive nord du lac Victoria, et rien ne distingue celui-ci des autres. Aucun courant n'est perceptible pour le marin ordinaire jusqu'à quelques milles des rapides, et bien que la présomption selon laquelle une si vaste étendue d'eau douce aurait un débordement quelque part ait derrière elle une forte probabilité, l'explorateur aurait pu chercher un courant. année sans trouver la place. Au lieu de cela, il dérivait et pagayait doucement jusqu'à ce que tout d'un coup le murmure d'une cataracte lointaine et la légère accélération du rythme de son canoë l'entraînent vers le lieu de naissance tant recherché du plus merveilleux fleuve du monde.

Il faisait nuit lorsque nous débarquâmes à Jinja, et je ne pus bien voir les préparatifs faits pour notre réception par les chefs locaux et les commerçants indiens, qui étaient une foule considérable. L'obscurité, qui autrement était une cause de déception, offrait l'occasion de commettre le genre d'acte courageux qu'un officier britannique est si souvent prêt à accomplir. Alors que les bagages étaient débarqués du bateau à vapeur sur la jetée, un pauvre coolie se glissa sous son chargement et fut en un instant englouti dans les eaux noires et profondes en contrebas. Sur quoi, bien entendu, un jeune civil du Département Politique s'est jeté à sa poursuite dans l'obscurité et parmi les crocodiles et l'a repêché sain et sauf, acte d'un comportement admirable qui a depuis reçu la reconnaissance du Royal Humane. Société. Je ne suis pas sûr que, dans toutes les régions d'Afrique, un niveau aussi élevé d'honneur et de respect pour la vie des humbles indigènes puisse prévaloir.

Jinja est vouée à devenir une place très importante dans la future économie de l'Afrique Centrale. Située au point où le Nil sort du Grand Lac, c'est à la fois la voie de communication fluviale la plus facile avec le lac Albert et le Soudan, et aussi l'endroit où une grande énergie hydraulique est disponible. Dans les années à venir, les rives de cette splendide baie pourraient être couronnées de longues rangées de villas tropicales confortables et de bureaux imposants, ainsi que les gorges du Nil remplies d'usines et d'entrepôts. Il y a suffisamment d'énergie pour égrener tout le coton et scier tout le bois en Ouganda, et c'est ici que sera certainement créé l'un des principaux magasins de produits tropicaux. Dans ces conditions, il est dommage de handicaper la ville avec un nom farfelu. Il vaudrait bien mieux l'appeler Ripon Falls, du nom des belles cascades qui se trouvent en dessous et de la force desquelles dépendra sa prospérité future.

Les chutes de Ripon valent, à elles seules, une visite. Le Nil jaillit du Victoria Nyanza, une vaste étendue d'eau presque aussi large que la Tamise au pont de Westminster, et ce fleuve imposant se précipite dans un escalier de roche de quinze à vingt pieds de profondeur, en pentes douces et tourbillonnantes d'eau verte. Il serait parfaitement facile d'exploiter tout le fleuve et de laisser le Nil commencer son long et bienfaisant voyage vers la mer en sautant à travers une turbine. Il est possible que nulle part ailleurs dans le monde une masse d'eau aussi énorme ne puisse être retenue par si peu de maçonnerie. Deux ou trois petits barrages d'île en île à travers les chutes permettraient, à un coût inconcevable, d'élever graduellement de six ou sept pieds tout le niveau de la Victoria Nyanza, sur une étendue de cent cinquante mille milles carrés ; augmenterait considérablement la puissance hydraulique disponible; approfondirait l'eau dans la baie de Kavirondo, de manière à permettre l'admission de bateaux à vapeur d'un tirant d'eau beaucoup plus important ; et, enfin, permettrait de maintenir le lac à un niveau uniforme, de sorte que d'immenses étendues d'estrans marécageux, tantôt submergés, tantôt à nouveau exposés, selon les précipitations, seraient converties soit en eaux claires, soit en terres sèches, au profit de de l'homme et la destruction incalculable des moustiques.

LES CHUTES DE RIPON (source du Nil).

Alors que l'on observe les eaux déferlantes des chutes de Ripon et s'efforce de calculer les puissantes énergies actuellement gaspillées, mais toutes à la portée de la science moderne, le problème de l'Ouganda surgit sous une forme nouvelle dans l'esprit. Toute cette force hydraulique appartient à l'État. Faut-il jamais le céder à des particuliers ? En revanche, pendant combien de temps un gouvernement, s'il n'est pas prêt à agir lui-même, a-t-il le droit de barrer la route aux autres ? Cette question se pose sous une multitude de formes diverses dans presque toutes les grandes dépendances de la Couronne. Mais en Ouganda, les arguments en faveur de la propriété et de l'exploitation par l'État des ressources naturelles du pays semblent se présenter sous leur forme la plus forte et la plus redoutable. L'Ouganda est un État autochtone. Elle ne doit être comparée à aucune de ces colonies où existe une population blanche déjà établie, ni encore à celles habitées par des tribus de barbares nomades. Elle trouve ses homologues parmi les grands États indigènes de l'Inde, où l'autorité impériale s'exerce au nom et souvent par l'intermédiaire d'un prince indigène et de ses propres officiers.

Cette combinaison du cerveau externe et de la main indigène aboutit à une forme de gouvernement souvent très acceptable pour l'ensemble des habitants, qui ne sont confrontés à aucun changement soudain ou arbitraire dans l'apparence des choses depuis longtemps accoutumée. Mais cela implique toute l'administration des affaires avec un degré de complexité et de délicatesse qui est absent des systèmes plus simples et plus grossiers. Dans de telles circonstances, il ne peut y avoir beaucoup de possibilités pour l'impulsion et le dynamisme des entreprises commerciales ordinaires. L'homme d'affaires agité – admirablement adapté aux aléas d'une production compétitive en Europe ou en Amérique – devient une figure incongrue et même dangereuse lorsqu'il est introduit dans le développement harmonieux et tranquille d'un État natal. Les Baganda ne bénéficieront ni moralement ni matériellement du contact avec des gens modernes qui gagnent de l'argent ou qui font de l'argent. Lorsqu'un homme ne travaille que pour les profits de son entreprise et est jugé sur les seuls résultats financiers, il n'arrive pas souvent, sous le soleil de l'Afrique centrale, à acquérir la meilleure méthode pour traiter avec les indigènes ; et toutes sortes de difficultés et de troubles suivront toute incursion soudaine d'entreprises commerciales dans les forêts et les jardins de l'Ouganda. Et même si le pays se développe plus rapidement grâce à ces agences, les bénéfices ne iront pas au gouvernement et au peuple ougandais, pour être utilisés dans la promotion de nouvelles industries, mais à diverses personnes de l'autre côté de la mer, qui n'ont d'autre préoccupation que purement commerciale, dans sa fortune. Il ne s'agit pas ici de préconiser l'exclusion arbitraire du capital et des entreprises privées de l'Ouganda. Des opportunités soigneusement dirigées et étroitement contrôlées pour leurs activités se présenteront sans aucun doute. Mais les ressources naturelles du pays devraient, dans la mesure du possible, être mises en valeur par le gouvernement lui-même, même si cela peut impliquer la prise en charge de nombreuses fonctions nouvelles.

En effet, il serait difficile de trouver un pays où les conditions soient plus favorables qu'en Ouganda à une expérience pratique de socialisme d'État. La terre est riche ; le peuple est pacifique et travailleur. Il n'y a pas de grandes différences entre les classes. Un aliment de base répond aux besoins de toute la population et se produit presque sans l'aide de l'homme. Il n'y a pas d'intérêts européens particuliers pour barrer la route. Nulle part les pouvoirs du gouvernement pour réglementer et diriger les activités du peuple ne sont plus écrasants ni plus étendus. La supériorité du savoir des dirigeants est imposante. Leur contrôle sur les indigènes s'exerce par presque tous les canaux ; et outre les autorités laïques – indigènes et impériales – il y a l'influence spirituelle et éducative des missionnaires pour insuffler la sympathie humaine et le sérieux moral dans l'appareil régulier de l'État.

La première difficulté, et peut-être la plus grande, à laquelle est confronté le socialiste européen est le choix des gouverneurs auxquels doivent être confiés les pouvoirs absolument terribles, indispensables à une société communiste. Si une race d'êtres pouvait être obtenue au moment et selon les besoins d'une planète voisine, dont la supériorité pratique en vertu, en science, en sagesse et en force était si manifeste qu'elle était universellement acclamée, cette difficulté disparaîtrait, et nous pourrions attendre avec sang-froid le décision des élections populaires avec tous leurs défauts et avantages. Mais en l'absence de cette dispense, le problème de savoir comment les dirigeants doivent être sélectionnés et comment, après avoir été sélectionnés, ils doivent être contrôlés ou modifiés, reste la première question politique, même à une époque où les fonctions du gouvernement sont, en fait, incertaines. général, limité aux modestes limites du *laissez-faire* .

En Ouganda, cependant, cette difficulté n'existe pas. Une classe de dirigeants est fournie par une puissance extérieure aussi éloignée et, dans tout ce qui constitue l'aptitude à diriger, aussi supérieure aux Baganda que les Martiens de M. Wells l'auraient été pour nous. L'administration britannique est absolument désintéressée de son *personnel* . Les fonctionnaires touchent leurs salaires, et c'est tout. Ils n'ont d'autre fin à servir que l'amélioration du pays et le contentement de sa population. C'est par ce test et par ce test seul qu'ils sont jugés. En aucune autre manière, ils ne peuvent gagner l'approbation ou la renommée. Ils sont en outre contrôlés dans l'exercice de leurs fonctions par une autorité supérieure, spécialement instruite dans cette classe d'administration, et elle-même responsable devant un Parlement élu au suffrage démocratique. À aucun moment de la chaîne de commandement, il n'y a de place pour la corruption, l'usurpation ou l'inefficacité flagrante.

Il est clair que des pouvoirs plus étendus pourraient être confiés à l'État en ce qui concerne le travail de ses citoyens que ceux qui seraient jamais accordés aux employeurs privés. Les sujets de chaque puissance européenne ont accepté l'obligation du service militaire pour défendre leurs pays respectifs contre les attaques extérieures. Les Baganda, délivrés de cette dure obsession, n'ont pas de devoir plus élevé que de cultiver et de développer la belle terre où ils vivent. Et si l'on voulait organiser scientifiquement, sur des bases humaines et honorables, l'industrie de toute une population, et s'ils appliquent tous les fruits de leur travail à leur propre enrichissement et à leur élévation, il est peu probable que l'on découvre de meilleures conditions que celles qui existent actuellement en Ouganda.

Cela pourrait en tout cas valoir la peine de faire une telle expérience, ne serait-ce que comme prélude à ces applications plus générales des principes du socialisme qui sont considérées dans certains milieux comme si nécessaires.

CHAPITRE VII

« EN SAFARI »

Maintenant, le lecteur doit vraiment regarder la carte. Jusqu'à présent, nous avons procédé par train et par bateau à vapeur avec toute la puissance et la rapidité des communications modernes. Si nous avons traversé des terres sauvages et solitaires, c'est en wagon. Nous avons dérangé le lion avec la locomotive, et toutes nos excursions n'ont fait que ramener le chemin du fer. Mais à Ripon Falls, nous devons abandonner notre emprise sur les machines. Steam et tout ce que cela signifie, c'est être éteint. Nous devons « couper le peintre » et, perdant l'impulsion du grand navire, devons pagayer pendant un moment sur une vaste étendue dans notre petit bateau à coq. De retour vers Mombasa, le voyage de trois jours couvrira neuf cents milles. En avant, vous aurez la chance d'en faire quarante en même temps. Le retour à ce moment est rapide et facile. Dans une semaine, ce sera peut-être impossible. Continuer, c'est passer.

Partout, de grandes voies sont tracées vers l'Afrique. Nous avons suivi pendant près de mille milles celui qui partait de l'Est vers le centre. Loin du Nord, une autre ligne a été tracée par les efforts britanniques en matière de paix et de guerre. D'Alexandrie au Caire, du Caire à Wady Halfa, de Halfa à Berber, de Berber à Khartoum, de Khartoum à Fachoda, de Fachoda à Gondokoro, sur une distance de près de trois mille milles, s'étend un service ininterrompu de trains et de bateaux à vapeur. Mais entre l'embarcadère de Jinja et l'embarcadère de Gondokoro s'ouvre un large gouffre de nature sauvage et de jungle encore intacte et invaincue, à travers lequel et à travers lequel le voyageur doit ramper péniblement et au pas d'un pied, toujours au milieu de difficultés et jamais absolument sans danger. C'est ce gouffre que nous devons maintenant traverser.

La distance du Victoria à l'Albert Nyanza est d'environ deux cents milles en ligne directe, et tout est en descente. Le Grand Lac s'élève au-dessus des plus hautes collines d'Angleterre. De cette vaste mer intérieure élevée, l'eau du Nil descendant s'écoule par un canal de trois mille cinq cents milles jusqu'à la Méditerranée. La première et la plus raide étape de son voyage est celle du lac Albert. Ce deuxième plan d'eau, qui, sauf en comparaison avec le Victoria Nyanza, serait impressionnant — il a plus de cent milles de long — se trouve à une altitude de deux mille trois cents pieds au-dessus de la mer. De sorte que, dans ses deux cents premiers milles, le Nil épuise, dans l'imprévoyance exubérante de la jeunesse, environ le tiers de l'impulsion qui doit le porter dans sa vénérable carrière. Pourtant cette descente considérable de douze cents pieds s'accomplit elle-même en deux petits pas. Il y a une série de rapides, longue de trente milles, au-dessous des chutes Ripon, et une autre d'égale étendue au-dessus des chutes Murchison. Entre ces deux déclivités, de longs tronçons de rivière ouverte et la vaste étendue plate du lac Chioga offrent une belle voie navigable.

Notre voyage d'un grand lac à l'autre se divisait donc en trois étapes. Trois marches à travers la forêt jusqu'à Kakindu, premier point où le Nil Victoria est navigable après les rapides ; trois jours en canoë le long du Nil et sur le lac Chioga ; et enfin cinq marches depuis l'extrémité occidentale du lac Chioga jusqu'à l'Albert Nyanza. Au-delà de cela, encore quatre jours en canoës et en voiliers en acier, remorqués par une chaloupe, nous amèneraient à Nimule, où commencent les rapides du Nil Blanc, et en sept ou huit marches de là, nous atteindrions les vapeurs Soudan à Gondokoro. Environ cinq cents milles seraient ainsi parcourus en vingt jours. Il faudrait à peu près le même temps, si les trains et les bateaux à vapeur étaient parfaitement adaptés, pour revenir à Londres par Mombasa et Suez.

Tôt le matin du 23 novembre, notre groupe s'est mis en route pour ce voyage. Les déplacements à pied de camp en camp font régulièrement partie de la vie de l'officier centrafricain moyen. Il part « en safari » comme le Boer « en trek ». Il s'agit d'un état d'être reconnu, qui dure souvent des semaines, voire des mois. Il apprend à penser à un « safari » de dix jours comme nous, chez nous, pensons à aller en Écosse, et à un « safari » de vingt jours comme si c'était moins que le voyage jusqu'à Paris. « Safari » est lui-même un mot swahili d'origine arabe, désignant une expédition et tout ce qui s'y rapporte. Cela comprend vous-même, tout le monde et tout ce que vous emportez avec vous : nourriture, tentes, fusils, vêtements, cuisiniers, domestiques, escortes, porteurs, mais surtout les porteurs. Hors de portée de la vapeur, le porteur est le facteur principal. Cette silhouette déguenillée, chancelante sous son fardeau, est l'unité de locomotion et la limite du possible. Sans porteurs, vous ne pouvez pas vous déplacer. Avec eux, vous parcourez dix ou douze milles par jour, si tout va bien. Combien peut-il transporter ? Jusqu'où peut-il le porter ? Telles sont les questions qui régissent à la fois vos calculs et votre destin.

Chaque matin, les porteurs sont répartis en lots d'une vingtaine, chacun sous la direction de son chef. Les chargements, censés peser en moyenne environ soixante-cinq livres, sont également grossièrement répartis. Au fur et à mesure que chaque lot démarre, le suivant se précipite vers le tas de chargements suivant, et il y a un quart d'heure de cris et de bousculades - les hommes les plus forts se dirigent vers les chargements les plus légers et sont repoussés par le chef sinistre mais volubile, le plus faible pleurant faiblement à côté d'un tas montagneux, jusqu'à ce qu'une distribution ait été réalisée avec une justice grossière, et la troupe à son tour s'en va avec des hululements indescriptibles témoignant et servant l'esprit dans lequel ils entendent accomplir la journée. voyage.

Pendant que ces problèmes étaient imparfaitement résolus, je descendis à pied avec le gouverneur et l'un des officiers du génie jusqu'aux chutes de Ripon, qui ne sont qu'à un demi-mille de la maison du commissaire et dont le bruit des eaux remplissait l'air. Bien que la cataracte soit d'une ampleur modérée, tant en hauteur qu'en volume, son aspect — et plus encore sa situation — est impressionnant. La sortie ou débordement du Grand Lac est fermée par un rempart naturel ou crête de roche noire, brisée ou usée en deux brèches principales pour libérer les eaux. À travers eux, le Nil bondit aussitôt dans une forme majestueuse et entre dans son cours comme un fleuve parfait de trois cents mètres de large. Debout sur l'envers de la paroi rocheuse, l'œil peut être presque au même niveau que les niveaux brillants du lac. À vos pieds, littéralement à un mètre, une vaste pente verte d'eau descend en courant. En contrebas se trouvent des rapides écumants, bordés d'arbres splendides, et des bassins d'où de grands poissons sautent continuellement au soleil. Nous avons dû passer trois heures à surveiller les eaux et à tourner les plans pour les maîtriser et les brider. Tant de pouvoir gaspillé, une telle position avantageuse inoccupée, un tel levier pour contrôler les forces naturelles de l'Afrique incontrôlées, ne peuvent que contrarier et stimuler l'imagination. Et quel plaisir de faire commencer son voyage au Nil immémorial en plongeant dans une turbine ! Mais à notre histoire.

Scène forestière près des chutes Ripon.

Les porteurs étaient déjà bien avancés sur leur route, et nous devions les poursuivre en plein feu de midi. Le gouverneur de l'Ouganda et ses officiers doivent rentrer à Entebbe par le bateau à vapeur, c'est donc ici que je leur dis au revoir et bonne chance, et avec un dernier regard sur les chutes de Ripon, luisantes et retentissantes en contrebas, je gravis les pentes du berge de la rivière et marchez dans la forêt. Le chemin indigène partait du Nil au nord-est et menait à une région vallonnée et densément boisée. L'herbe à éléphant de chaque côté de la piste s'élevait à quinze pieds de hauteur. Dans les vallées, de grands arbres poussaient et se courbaient au-dessus de nos têtes, entrelacés et entrelacés de rideaux de lianes fleuries. Çà et là, une clairière s'ouvrait à droite ou à gauche, et des parcelles de soleil éclatant jaillissaient dans l' obscurité. Aux croisements des petits ruisseaux, les papillons dansaient dans de brillants ballets. De nombreuses espèces d'oiseaux volaient autour des arbres. La jungle était hantée par le gibier, complètement perdue dans ses enchevêtrements denses. Et je pense que c'est une sensation en soi de marcher debout, bâton à la main, le long de ces sentiers mystérieux, au milieu d'un environnement si beau et si sinistre, et de se rendre compte qu'on est vraiment au centre de l'Afrique, et dans un long loin de Piccadilly ou de Pall Mall.

Notre première marche était d'environ quatorze milles, et comme nous n'avions commencé que lorsque les heures chaudes de la journée étaient arrivées, c'était suffisant et en réserve pour moi. Notre sentier montait et descendait, tantôt plongé dans le crépuscule d'une vallée forestière, tantôt serpentant sur le flanc d'une colline brûlée, et j'espérais depuis quelque temps voir le camp à chaque coin de rue, quand enfin nous l'avons atteint. Il se composait de deux rangées de tentes vertes et d'une grande « banda », ou maison de repos, aussi grande qu'une grande grange en Angleterre, située dans une belle clairière. Ces « bandas » sont une caractéristique importante des voyages en Afrique ; et le chef dévoué sur le territoire duquel nous traversons s'était efforcé de les réaliser à l'échelle la plus élaborée. Il ne tarda pas à paraître avec des cadeaux de toutes sortes. Un mouton dégingandé, au visage noir, avec une grosse queue grosse comme une citrouille, était traîné en avant, bêlant, par deux serviteurs. D'autres apportaient des poules vivantes, des pots de lait en terre cuite et des paniers remplis de petits œufs ronds. Le chef était un homme de grande taille, d'apparence intelligente, avec le sourire séduisant et les manières attrayantes caractéristiques du pays, et il faisait ses salutations avec un bel air de dignité et d'amitié.

PALMIER PRÈS DE L'ASUA.

BANDA AVEC ESCORTE DES KING'S AFRICAN RIFLES.

La maison qu'il nous avait préparée était construite en ossature de bambou, soutenue par une rangée centrale de tiges d'arbres en forme de Y, avec un toit à forte pente couvert d'herbe à éléphant et des murs de roseaux tressés. Les sols des « bandas » africaines nouvellement fabriquées sont magnifiquement lisses et propres, et parsemés de joncs verts frais ; l'intérieur est souvent astucieusement divisé en divers appartements, et le bâtiment principal est relié aux cuisines et aux bureaux de la même texture peu substantielle par des passages ombragés par une véranda. En fait, ils témoignent d'un haut degré de connaissance sociale et de goût chez les indigènes, qui les fabriquent avec une rapidité presque incroyable à partir de la végétation de la jungle environnante ; et la sensation d'entrer dans l'un de ces intérieurs élevés, sombres, frais et spacieux, et de s'enfoncer dans le doux lit de joncs du sol, avec quelque chose à boire qui, en tout cas, n'est pas tiède, récompense bien les sévérités flagrantes de l'atmosphère. une marche sous un soleil équatorial. La "banda", cependant, est un luxe dont le voyageur doit se méfier, car si elle reste debout pendant plus d'une semaine, elle devient le foyer d'innombrables insectes, dont beaucoup sont d'une malveillance et d'un venin approuvés, et la fièvre spirille est presque invariablement attrapée par dormir dans d'anciens abris ou sur des terrains de camping désaffectés.

La vie « sur Safari » est récompensée par un sentiment de plénitude et de détachement satisfait de soi. Vous devez « faire » tant de kilomètres par jour, et lorsque vous les avez « faits », votre journée de travail est terminée. C'est un programme simple, qui ne laisse plus rien à exiger ni à désirer. Très tôt le matin, souvent une heure avant le lever du jour, les clairons des King's African Rifles sonnaient le réveil. Tout le monde s'habille à la hâte à la lueur des bougies, prend un petit déjeuner tamisé tandis que l'aube approche ; les tentes s'effondrent et les porteurs se débrouillent avec leurs fardeaux. Puis la marche commence. L'évidence est de marcher. Il n'y a pas de moyen plus sûr de rester en bonne santé en Ouganda que de marcher douze ou quatorze milles par jour. Mais si le voyageur ne fait pas l'effort, il existe des alternatives. Il y a le pousse-pousse, dont on a parlé au chapitre précédent : reposant, mais fastidieux ; et la civière, portée sur la tête de six porteurs de tailles différentes, et déplacée de temps en temps, avec une secousse décourageante, sur leurs épaules et de nouveau vers l'arrière, c'est tout aussi inconfortable que cela en a l'air. Les poneys ne peuvent pas, ou du moins ne vivent pas en Ouganda, même si une expérience était sur le point d'être faite avec eux par le chef de la police, convaincu qu'avec une gestion très soignée de l'écurie, entreprise en détail par le propriétaire lui-même, ils pourrait être amené à prospérer. Les mules ont de meilleures chances, même si elles ne sont toujours pas bonnes. Nous en avons emmené un avec nous lors du dernier séjour "Safari" à Gondokoro, et on nous a dit qu'il allait mourir à coup sûr ; mais nous l'avons laissé dans un état et un état d'esprit apparemment excellents.

UN CAMPEMENT.

Mais la meilleure de toutes les méthodes de progression en Afrique centrale, aussi étonnante que cela puisse paraître, c'est le vélo. Pendant la saison sèche, les sentiers à travers la brousse, aplanis par les pieds des indigènes, offrent une excellente surface. Même lorsque la piste n'a que deux pieds de large et que la jungle la plus dense s'élève de chaque côté et se rejoint presque au-dessus de la tête, la bicyclette frôle l'herbe et effleure les buissons envahissants, à une allure fine ; et bien que tous les quelques centaines de mètres des rochers pointus, des pierres détachées, un cours d'eau ou une colline abrupte obligent à descendre de cheval, une bonne vitesse de sept milles à l'heure peut généralement être maintenue. Et réfléchissez à ce que cela signifie. D'après ma propre expérience, je suppose qu'avec une bicyclette, vingt-cinq à trente milles par jour pourraient être régulièrement parcourus en Ouganda et que, si seulement les porteurs pouvaient suivre le rythme, tous les trajets pourraient être presque triplés et le rayon d'action de chaque officier blanc proportionnellement augmenté.

Presque tous les officiers britanniques que j'ai rencontrés possédaient et utilisaient déjà des bicyclettes, et même les chefs indigènes commencent à en acquérir. Mais ce qu'il faut pour que le plan soit efficace, c'est un bon système de maisons de repos en pierre, fumigées et à l'épreuve des insectes, réparties par étapes de trente milles sur toutes les principales voies de communication. Une telle évolution signifierait une énorme économie sur la santé des fonctionnaires blancs et un accès précieux à leur pouvoir. Si j'avais connu moi-même, avant de venir en Ouganda, les avantages que présente cette méthode, j'aurais pu voyager beaucoup plus largement à travers le pays par le simple expédient de tripler les étapes de mon voyage et d'envoyer des porteurs une semaine à l'avance pour camper. camps et déposent de la

nourriture à de larges intervalles. Et puis, au lieu de simplement voyager d'un Grand Lac à l'autre, je pourrais, *en Dans les mêmes limites du temps* , j'ai exploré le plateau fertile et peuplé de Toro, descendu la belle vallée du Semliki, parcouru de bout en bout le lac Albert et longé les pentes du Ruenzori. "Si la jeunesse savait...!"
Mais la marche, quelle qu'en soit la manière dont elle est exécutée, a sa fin ; et si, comme cela est recommandé, vous vous arrêtez pour prendre votre petit-déjeuner et vous reposer en chemin, le nouveau camp sera presque prêt à l'arrivée. Pendant la chaleur du jour, chacun se retire dans sa tente ou dans l'abri plus efficace de la « banda », pour lire et dormir jusqu'au soir. Puis, lorsque le soleil se couche, nous sortons pour fumer et discuter, et il reste peut-être juste le temps pour les plus énergiques de poursuivre une antilope ou de tuer quelques pintades ou pigeons.

A l'approche du crépuscule arrive le moustique, à la voix stridente et porteur de fièvre ; et les précautions les plus complètes doivent être prises contre lui et contre d'autres dangers causés par les insectes. Nous dînons dans une grande moustiquaire entièrement faite de fine gaze et mesurant environ douze pieds cubiques. La literie, qui doit si possible être emballée dans des boîtes en fer blanc, est déroulée pendant la journée et soigneusement protégée par des moustiquaires bien rentrées, contre toute forme de vermine. Tout le monde enfile des bottes anti-moustiques, de longues jambières en cuir souple, arrivant jusqu'aux hanches. Il est recommandé de ne pas s'asseoir sur des chaises en cannage sans y mettre un journal ou un coussin, de porter une casquette, un foulard, éventuellement des gants, et de se munir d'un piège à moustiques bruissant. Ainsi on se déplace, relativement en sécurité, au milieu d'un chœur de bourdonnements féroces.

A ces précautions s'en ajoutent d'autres. Vous ne devez jamais marcher pieds nus sur le sol, aussi propre soit-il, sinon un ver odieux, appelé « jigger », entrera dans votre pied pour y élever une famille nombreuse et un gonflement douloureux. D'un autre côté, veillez, lorsque vous enfilerez des bottes ou des chaussures, que, même si vous êtes pressé, vous les retourniez et regardez à l'intérieur, de peur qu'un scorpion, un petit serpent ou une sorte de mille-pattes parfaitement effrayant ne soient en embuscade. Ne jetez jamais négligemment vos vêtements par terre, mais rangez-les immédiatement dans une boîte en fer blanc et fermez-la bien, sinon une colonie parfaite de créatures féroces et mordantes les assaillira. Et surtout de la quinine ! Pour le résident permanent de ces pays étranges, aucune drogue ne peut être d'une grande utilité ; car ou bien sa protection diminue avec l'habitude, ou bien les doses doivent être augmentées jusqu'à des limites impossibles. Mais le voyageur, qui fait un voyage de quelques mois seulement, peut recourir en toute sécurité et avec beaucoup d'avantages à cet admirable prophylactique. Les avis divergent quant à la manière de le prendre. Les Allemands, avec leur amour de l'exactitude même dans les choses les plus incertaines, prescrivent trente grains alternativement chaque septième et huitième jour. Nous avons suivi un plan plus simple consistant à prendre régulièrement dix grains chaque jour, depuis le moment où nous avons quitté Port-Saïd jusqu'à notre arrivée à Khartoum. Personne dans mon groupe n'a souffert de fièvre, même pendant une journée, pendant tout le voyage.

Notre deuxième journée de marche était à peu près la même en longueur et en caractère, sauf que nous étions plus près de la rivière et que, tandis que le sentier traversait le crépuscule de la forêt, nous apercevions de temps en temps une lueur de larges eaux sur notre gauche. A intervalles fréquents, cinq ou six fois par jour, de longues caravanes de porteurs indigènes étaient rencontrées transportant les produits des districts fertiles entre le lac Chioga et le mont Elgon jusqu'à Jinja. Rien ne pourrait mieux démontrer la nécessité d'améliorer les communications que ce commerce naissant et potentiel, prêt à commencer et qui avance le long des sentiers de brousse sur la tête d'hommes chancelants. Au reste, le pays voisin du fleuve semblait la jungle la plus dense et la plus impénétrable, cachant dans ses replis aussi bien ses habitants que son gibier.

Le troisième matin, cependant, nous conduisit au milieu des « shambas », comme on appelle les parcelles de culture indigène ; et la route traversait des plantations de bananes, de mil, de coton, d'huile de ricin et de piments. Ici à Usoga, comme partout en Ouganda, la culture de base est la banane ; et comme ce fruit, une fois planté, grandit et se propage de lui-même, sans nécessiter aucune réflexion ni effort, il trouve une faveur particulière auprès des indigènes imprévoyants et les nourrit année après année dans une abondance de loisirs, jusqu'à un échec soudain et une famine effrayante. restaurer les difficiles équilibres du monde.

Après une marche de douze milles, et alors qu'il était encore relativement tôt — car nous étions partis avant l'aube — nous atteignîmes Kakindu. La piste quittait la forêt de bananeraies pour descendre vers des espaces plus ouverts et un soleil de plomb, et là, devant nous, se trouvait le Nil. Déjà, à quarante milles de sa source, à près de quatre mille de son embouchure, c'était une rivière noble : près d'un tiers de mille de largeur d'eau claire et profonde coulait majestueusement entre des rives de feuillage et de verdure. La « flottille Chioga », composée de la petite chaloupe à vapeur *Victoria* , d'un bateau en acier et de deux ou trois pirogues creusées dans des troncs d'arbres, nous attendait ; et une fois achevée la longue et brûlante tâche consistant à embarquer les bagages et à y entasser les domestiques indigènes, nous nous séparâmes de notre premier relais d'escortes et de porteurs et dérivâmes sur le flot.

Les trois jours suivants de notre vie furent passés sur l'eau, d'abord en descendant le Nil Victoria jusqu'à ce qu'il se jette dans Chioga, puis en traversant les étendues lisses et limpides de ce lac. Chaque soir, nous débarquions dans des camps préparés par les chefs Busoga, dressions nos tentes, allumions nos feux et érigions nos maisons à moustiques, tandis que le crépuscule approchait et que les orages, fréquents à cette saison de l'année, roulaient dans une splendeur vive autour de l'obscurité. horizon. Durant les heures chaudes de la journée, on restait au fond de canots massifs, abrités du soleil par un toit improvisé de joncs et d'herbe mouillée. De temps en temps, un oiseau étrange, ou mieux encore la rumeur d'un hippopotame dont le nez sort à peine de l'eau, égayait le lent et étouffant passage des heures ; et un grand rocher, peuplé d'énormes crocodiles, qui tous, au moins une vingtaine, sautaient ensemble dans l'eau au premier coup de feu, offrait au moins un spectacle vraiment saisissant.

À mesure que le Nil Victoria s'approche du lac Chioga, il s'élargit en larges lagunes, et les rives en pente de la forêt et de la jungle cèdent la place à des murs ininterrompus de roseaux de papyrus, derrière lesquels la campagne plate et environnante est invisible, et au-dessus de laquelle seul un paysage triangulaire isolé est visible. on peut apercevoir ici et là une colline, violette au loin. Le lac lui-même a environ cinquante milles de long d'est en ouest et onze de large, mais sa superficie et son périmètre sont considérablement étendus par une série de longs bras, ou plutôt de doigts, s'étendant dans toutes les directions, mais surtout vers le nord, et offrant accès par voie d'eau à des quartiers très étendus et variés. Tous ces bras, et même une grande partie du centre du lac, sont remplis de roseaux, d'herbes et de nénuphars, car Chioga est la première des grandes éponges sur lesquelles le Nil prodigue ses eaux. Bien qu'on puisse habituellement compter sur une profondeur d'environ douze pieds, la navigation est gênée par les herbes et les plantes aquatiques flottantes ; et lorsque les tempêtes ont balayé la rive nord, de nombreuses îles enchevêtrées de papyrus, avec leurs populations d'oiseaux et d'animaux, se détachent et nagent de manière erratique autour du lac pour bloquer les canaux habituels et intriguer le pilote.

Pendant une longue journée, notre petite chaloupe palpitante, tirant sa flottille de canoës, sillonna cette curieuse région, serpentant parfois à travers une clairière dans la forêt de papyrus d'à peine une douzaine de mètres de large, puis émergeant bientôt dans un large flot, s'arrêtant souvent pour dégager notre hélice. des enchevêtrements de verdure accumulée. Le milieu du lac déroule de grandes étendues d'eau calme. Les berges et les roseaux s'éloignent, et l'univers entier devient un vaste globe bleu de ciel et d'eau, entouré en son milieu par une fine bande de vert vif. Le temps disparaît et il ne reste plus que l'espace et la lumière du soleil.

Pendant tout ce temps, nous devons soigneusement éviter la côte nord, et particulièrement la côte nord-ouest, car les indigènes ne sont absolument pas administrés et presque toutes les tribus sont hostiles. Poursuivre les éléphants qui, bien sûr (à ce qu'on dit), abondent dans ces enceintes interdites est impossible ; atterrir pour chercher de la nourriture ou du carburant serait dangereux, et même s'approcher pourrait attirer un crissement de mousqueterie ou une pluie de lances de la part des sujets encore non convaincus de Sa Majesté.

Le Nil quitte le coin nord-ouest du lac à Namasali et coule le long d'un large canal de plus d'un mile de largeur, toujours entouré de solides murs de papyrus et parsemé d'îles flottantes. Encore quarante milles de navigation et nous atteignons Mruli. Mruli est un village africain représentatif. Son importance est plus marquée sur les cartes que sur le terrain. Un nom imposant en grosses lettres noires évoque l'idée d'une commune peuplée et considérable. Mais tout ce que l'on voit, c'est une vingtaine de cabanes en herbe en forme d'entonnoir, entourées de marécages lugubres et de labyrinthes de roseaux, sur lesquels dansaient fébrilement des nuées de moustiques. Une longue jetée tressée avait été construite depuis la terre ferme jusqu'aux eaux navigables, mais le canal par lequel on pouvait s'en approcher avait été entièrement bloqué par une île flottante, et celle-ci dut être péniblement remorquée pour l'écarter avant que nous puissions atterrir. Ici, nous fûmes accueillis par une nouvelle escorte de King's African Rifles, aussi impeccables en uniforme, aussi précis dans leur allure militaire, que s'ils étaient à Aldershot ; par une foule de porteurs frais, et, enfin, par la seule tribu amie de la rive nord du fleuve : et pendant que les tentes étaient dressées, les bagages débarqués et que les feux de cuisine commençaient à briller, ces quatre cents lanciers sauvages, jetant de côté leurs peaux de léopard, dansaient nues au crépuscule.

Débarquement à Mruli.

CHAPITRE VIII

LES CHUTES DE MURCHISON

Nous avions prévu, en quittant le Nil où il tourne vers le nord à Mruli, de marcher directement vers Hoima, sur le lac Albert ; et ce voyage, par Masindi, eût nécessité quatre marches. Mais les récits sur la beauté et les merveilles des chutes Murchison avaient captivé mon esprit, et avant d'embarquer à Kakindu, un nouveau plan avait été élaboré. Les coureurs furent renvoyés au fil télégraphique de Jinja, et de là un message fut envoyé par Kampala à Hoima, ordonnant à la flottille qui nous attendait là-bas de se diriger vers l'extrémité nord de l'Albert et de nous rejoindre au pied des chutes Murchison à Fajao. Là, nous devions maintenant procéder par cinq marches : deux vers Masindi et trois autres en direction du nord vers le Nil.

La route depuis Mruli consiste en une sorte de piste en talus à travers des broussailles et une jungle basses et désolées. La lourde terre de coton noir, craquelée et granulée par la chaleur, offrait à cette époque une surface durcie quoique inégale à la bicyclette ; mais sous la pluie, ces sentiers doivent devenir totalement impraticables. A mesure que l'on avance vers l'ouest, l'aspect du pays s'améliore rapidement. Les plaines lugubres de la côte sud de Chioga sont laissées derrière elles et le voyageur découvre des paysages ougandais plus caractéristiques dans une région de petites collines et de grands arbres. Avant d'atteindre Masindi, nous nous trouvons à nouveau dans un pays riche et magnifique. Des bassins d'eau brillante, entourés d'un vert verdoyant, renvoient les rayons du soleil. Des falaises et des crêtes audacieuses s'élèvent de tous côtés au milieu des ondulations incessantes du sol. Les ruisseaux déferlent joyeusement à travers les canaux rocheux. Les toits d'herbe jaune des villages fréquents ressortent sous leurs bosquets de bananes parmi de larges étendues de terres cultivées, et les chefs et les chefs saluent l'étranger avec une politesse grave mais curieuse tandis que le long « safari » se déroule sous les arbres.

La chaleur augmente à mesure que l'altitude diminue, et même tôt le matin, le soleil pèse lourdement sur les épaules. A dix heures, sa puissance est immense. Tant que la route était constituée de nobles mottes de terre de coton noir, faire du vélo, bien que possible par endroits, n'était guère agréable. Mais le changement du paysage naît du changement du sol. Les champs sont maintenant de terre rouge vif, les sentiers de grès rouge lavés par endroits presque aussi lisses et fermes que l'asphalte par les pluies et étincelants de poussière cristalline ; et lorsque les crêtes qui forment la ligne de partage des eaux entre le lac Chioga et le lac Albert furent surmontées, ma bicyclette glissa presque sans impulsion sur quatre milles de descente progressive vers Masindi. Cette station, qui est la résidence d'un collectionneur, est nichée dans une large baie de collines en pente douce, couvertes d'arbres nobles. C'est effectivement un endroit agréable. Il y a de vraies maisons, dressées sur de hautes plates-formes en pierre, avec de profondes vérandas et des fenêtres grillagées. Les routes sont tracées selon une géométrie audacieuse de larges lignes rouges. Il y a des allées d'arbres plantés, de délicieux bancs de fleurs, un petit-déjeuner préparé, des boissons *froides* , pas fraîches, un bureau télégraphique et un dossier du *Times* . Que pourrait désirer de plus un explorateur ou l'accord du Destin ?

Nous devions maintenant nous diriger vers le nord jusqu'au Nil à Fajao en trois longues marches (pour les porteurs) d'environ seize milles chacune. Sur la route de Hoima, des préparatifs avaient été faits pour rendre le voyage plus facile en dégageant la jungle envahissante de la piste et en construisant des maisons de repos. Mais mon changement de plan avait contrecarré ces arrangements, et sur la nouvelle route, nous avons dû dégager nos propres chemins de la végétation excessive qui, même pendant une saison, si elle n'est pas utilisée, les étouffe, et nous fier aux tentes et aux abris improvisés. Les progrès furent donc lents et les camps sans prétention. Mais tout fut racheté par les merveilles de la scène.

Pendant une journée entière, nous nous faufilâmes à travers les lisières de la forêt de Hoima, au milieu d'une exubérance de végétation à peine descriptible. J'avais voyagé à travers les forêts tropicales de Cuba et de l'Inde et j'avais souvent déjà admiré leur luxuriance à la fois enchanteresse et sinistre. Mais les forêts de l'Ouganda, pour leur magnificence, pour leur variété de formes et de couleurs, pour leur profusion de vie brillante — plantes, oiseaux, insectes, reptiles, bêtes — pour la vaste échelle et l'horrible fécondité des processus naturels observés à l'œuvre, ont été éclipsées. , et même effacé, toutes les impressions précédentes. On devient, non sans un secret sentiment d'aversion, le spectateur d'une intense convulsion de vie et de mort. La reproduction et la décadence sont enfermées dans une lutte infinie. Dans ce bidonville équatorial étincelant, d'immenses arbres se bousculent pour obtenir un espace où vivre ; de minces excroissances s'étendent vers le haut, comme si elles semblaient à l'agonie, vers la lumière du soleil et la vie. Le sol regorge de végétations irrépressibles. Chaque vainqueur, piétinant le moule pourrissant des antagonistes exterminés, s'envole pour rencontrer une autre foule de rivaux aériens, pour être chargé de masses de feuillage parasite, étouffé dans les glorieuses fleurs de plantes grimpantes, entrelacées, liées et entrelacées d'interminables enchevêtrements de vignes. et remorques. Les oiseaux sont aussi brillants que les papillons ; les papillons sont aussi gros que les oiseaux. L'air bourdonne de créatures volantes ; la terre rampe sous vos pieds. Le fil télégraphique court vers le nord jusqu'à Gondokoro à travers ce labyrinthe végétal. Même ses poteaux avaient bourgeonné !

À mesure que nous avancions, montant ou descendant continuellement avec les vagues de la terre, et passant en alternance rapide d'un coin de soleil flamboyant à une obscurité cloîtrée, de temps en temps le chemin devenait lisse, large et de grès ferme. Et ici, on pouvait observer les colonnes de fourmis soldats en marche. Peut-être qu'en cent mètres la route serait traversée quatre fois par ces armées féroces. Ils se déplacent en ordre régulier et selon des objectifs à la fois impénétrables et inébranlables. Une bande brune, d'environ deux pouces de largeur et un pouce et demi *de profondeur* , est tracée sur votre trace. Ses extrémités se perdent dans les recoins de la jungle. Il se meut sans cesse et avec une rapidité multipliée ; car chaque fourmi court rapidement en avant, que ce soit sur le sol ou sur le dos de ses camarades déjà en mouvement. À environ un mètre de là, de chaque côté de la colonne principale, se trouvent les lignes de protection des flancs-gardes, et pendant cinq mètres au-delà, chaque centimètre est fouillé, chaque objet est examiné par des patrouilles de reconnaissance infatigables et intrépides. Malheur à l'ennemi qui se laisse dépasser par ces hordes. Quelles que soient sa taille ou sa nature, il est attaqué immédiatement par un nombre toujours croissant d'assaillants, dont chacun, par un instinct impitoyable, plonge ses fortes mandibules dans la chair et se fait arracher la tête de ses épaules plutôt que de se faire arracher la tête. lâcher.

Ces armées de fourmis me fascinaient. Je n'ai pas pu résister à l'envie d'interférer avec eux. Avec ma canne, je brisai doucement la colonne et poussa la corde grouillante hors de sa ligne de marche. Leur surprise, leur confusion, leur indignation furent extrêmes. Mais ils ne s'arrêtèrent pas un instant. En une seconde, les éclaireurs couraient partout sur mes bottes, cherchant avec impatience une entrée, et quand je me retournai vers la canne que je tenais, elle était déjà vivante. D'un geste si agile qu'il aurait pu être mal compris, je l'ai lancé loin de moi et j'ai bondi hors du cercle de danger jusqu'à trouver refuge sur un gros rocher à une distance respectueuse. Le sergent-major soudanais de l'escorte, un nègre splendide, aussi élégant qu'un grenadier gardes et avec une bonne et longue rangée de rubans de médailles sur sa tunique kaki, s'oublia jusqu'à sourire jusqu'aux oreilles. Mais sa gravité fut pleinement rétablie lorsque je l'invitai à sauver ma canne, abandonnée sur le terrain, dans les mandibules de l'ennemi victorieux. L'homme dévoué était pourtant à la hauteur de la crise.

J'ai aussi une triste histoire à raconter sur la perversité des papillons. On n'a jamais vu de fées aussi volantes. Ils affichaient leurs splendides livrées dans des variétés inconcevables de couleurs et de motifs sur nos visages à chaque pas. Queues d'hirondelle, fritillaires, amiraux, écailles de tortue, paons, pointes d'orange - tous exécutés dans au moins une douzaine de styles nouveaux et contrastés, dont beaucoup sont encore plus beaux, mais ne ressemblant en rien à notre espèce britannique - flottaient au soleil depuis les fleurs. pour fleurir, scintillant à l'ombre de grands arbres, ou regroupés sur le chemin pour aspirer l'humidité de n'importe quelle zone marécageuse. Le papillon est un sale mangeur, et si jamais quelque saleté putrescente gisait sur le sol et odorante, soyez sûr qu'elle serait couverte d'une nuée de ces insectes gourmands, venus si gaiement vêtus pour manger une viande si misérable. Je les trouvais parfois si enivrés de festin que je pouvais les ramasser tout doucement entre mes doigts sans avoir besoin d'aucun filet.

Pour quiconque a déjà essayé de collectionner les papillons modestes et désormais trop rares et dispersés de Grande-Bretagne, ces vues ne pouvaient qu'être une forte tentation. Pendant une semaine, j'y avais résisté, non parce qu'il n'était pas assez facile de fabriquer un filet, mais à cause de la difficulté de fixer et de conserver les prises ; et ce n'est qu'à la fin de notre première journée de marche depuis Masindi qu'on m'a dit que le meilleur moyen de renvoyer des papillons d'Afrique chez eux était de les enfermer dans des triangles de papier soigneusement pliés et de les laisser reposer à Londres. Aussitôt, avec du fil télégraphique et un rideau anti-moustiques, une moustiquaire fut confectionnée, et avant une autre aube j'étais entièrement équipé. Il est presque incroyable d'affirmer qu'à partir de ce moment précis, sauf près des chutes Murchison, je n'ai presque plus revu un très beau papillon jusqu'à Gondokoro. Que cela soit dû à la perversité intelligente de ces insectes, ou au fait que nous avions quitté les recoins les plus profonds de la région forestière, je ne le demande pas ; mais le fait demeure, et je n'emporte des papillons de l'Ouganda que les souvenirs obsédants d'opportunités non réalisées.

Cette première journée de marche depuis Masindi fut longue et nos porteurs haletaient et travaillaient sous leurs chargements pendant la chaleur de la journée. Ce n'est que dans l'après-midi que le gros des troupes arriva au camp, et les retardataires arrivèrent au crépuscule. Pendant ce temps, les indigènes locaux construisirent sous nos yeux, avec une rapidité et une habileté extraordinaires, une salle à manger spacieuse et deux ou trois chambres tout à fait excellentes, à partir des bosquets d'herbe à éléphant et de bambous environnants ; et nous nous comportions aussi confortablement dans ces deux humbles demeures que si nous habitions dans les palais des rois. La forêt était un peu plus clairsemée le deuxième jour, même si la jungle était de la même fertilité dense et enchevêtrée. Nous partîmes une heure avant le lever du soleil et, à huit heures, nous étions montés au sommet de la haute paroi rocheuse qui contient la vallée du Nil Victoria. De cette élévation d'environ six cents pieds au-dessus du niveau général de la plaine, une vue d'ensemble du paysage était pour la première fois possible. Dans toutes les directions s'étendait une large mer de feuillage, s'éclaircissant ici en buisson, s'assombrissant là en forêt, montant et descendant avec les vagues de la terre, et brisé seulement par des pics rocheux occasionnels. Au loin, au nord-ouest, une longue lueur argentée, à peine perceptible à travers la brume de l'horizon, révélait à nos yeux la perspective lointaine de l'Albert Nyanza. L'appareil photo ne peut pas rendre justice à un tel panorama. Sur les photographies, ces vastes étendues ressemblent à de simples communs broussailleux, inhospitaliers et monotones à l'œil, mélancoliques à l'âme. Il ne faut pas oublier qu'ici, Kew Gardens et le zoo sont combinés à une échelle illimitée ; que le laboratoire central de production de la nature travaille ici jour et nuit à plein régime ; et que la commune broussailleuse de l'image est en réalité un pays féerique de clairières et de panoramas, à travers lequel une armée de cent mille hommes pourrait marcher sans l'éclat d'une baïonnette, ni même la poussière d'une colonne d'artillerie, trahissant leur présence au guetteur. sur le rocher.

Cette nuit, notre camp se trouvait dans une petite parcelle dégagée au cœur de ce monde sauvage. Le groupe de tentes sous un dais de palmiers, éclairé par les feux de guet, éclairé par les lanternes, et occupé par les figures mouvantes des hommes et le bourdonnement de l'activité humaine, semblait à cent mètres de distance un îlot de société au milieu d'un océan. de nature. À quels étranges périls – outre la certitude de se perdre – une marche d'un quart de mille dans n'importe quelle direction exposerait-elle le vagabond ? Se retirer de la lumière du feu, c'était s'engouffrer dans les conditions sauvages de la préhistoire. Avancez, et le fil télégraphique vous communiquerait les dernières cotations des marchés de Londres, les chiffres de la dernière élection partielle. Une drôle de sensation !

CHUTES MURCHISON.

Nous avions à peine avancé une heure lors de notre troisième marche, qu'au moment où le jour commençait à se lever, un murmure sourd et vibrant commença à être perceptible dans l'air. Tantôt il se perdait alors que nous descendions dans une vallée humide, tantôt il se brisait encore plus fortement sur l'oreille lorsque nous atteignions le sommet d'une ascension – le bruit du Nil plongeant dans les chutes Murchison. Et vers neuf heures, alors que nous étions encore à une quinzaine de kilomètres, un bourdonnement fort, insistant et incessant s'était développé. Ces chutes sont certainement les plus remarquables de tout le cours du Nil. A Foweira, les tronçons navigables qui s'étendent depuis le lac Chioga sont interrompus par des cataractes, et le fleuve coule en écume et rapidement dans un escalier graduel mais continu, entouré de parois rocheuses, mais toujours en large crue. À deux milles au-dessus de Fajao, ces murs se contractent soudainement jusqu'à ce qu'ils *ne soient plus distants de six mètres*, et à travers ce portail étranglant, comme par le bec d'un tuyau, toute la formidable rivière est projetée en un seul jet dans un abîme de cent soixante pieds.

L'escarpement sur lequel tombe le Nil se courbe en une vaste baie de falaises abruptes ou presque abruptes, brisées ici et là par des failles plus graduelles, et forme la paroi orientale du lac Albert, des eaux duquel il s'élève brusquement en de nombreux endroits. jusqu'à une hauteur de six ou sept cents pieds. Arrivé au bord de cette descente, on pouvait distinguer le cours inférieur du Nil Victoria, s'étendant kilomètre après kilomètre en un large ruban brillant presque jusqu'à son embouchure sur le lac. Les chutes elles-mêmes étaient en effet invisibles, cachées derrière une falaise boisée, mais leur rugissement ne laissait aucun doute sur leur présence. Au-dessous de moi, un chemin en zigzag descendait par de longues descentes jusqu'au bord de l'eau, et sur une prairie ouverte une rangée de tentes et de cabanes en herbe étaient déjà dressées.

Fajao, en tant que ville natale, n'était plus. Rarement en Ouganda, la maladie du sommeil n'a fait des ravages aussi effroyables. Au moins six mille personnes ont péri au cours des deux dernières années. Presque toute la population avait été emportée. Il en restait à peine de quoi former la députation, qu'on distinguait, en robe blanche, à l'entrée du terrain dégagé du camping. Et cette zone dégagée était elle-même de la plus haute importance ; car tout autour, les puissances du mal étaient fortes. Les bosquets qui bordaient et surplombaient la rivière grouillaient de mouches tsé-tsé au venin nouvellement reconstitué et à la malignité approuvée, et aucun homme ne pouvait y pénétrer sans risquer. Après m'être arrêté quelques minutes pour observer une troupe de babouins qui sautaient d'arbre en arbre sur la colline opposée et qui semblaient aussi grands que des hommes, je descendis le zigzag, photographiai la députation et serrai la main du chef. C'était un chef très civilisé – du nom de James Kago – qui portait des culottes de cheval et des guêtres de cuir et qui prononçait quelques phrases inattendues dans un excellent anglais. Il semblait de bonne humeur, tout comme le reste de la population qui se rassemblait derrière lui, même si cela était dû à une philosophie stoïque ou à de bonnes manières, je ne pouvais le dire. Tout n'était que sourires, salutations et gargouillis de satisfaction gutturale. L'officier de district qui m'avait accompagné m'expliqua que le chef avait fait améliorer le sentier jusqu'au sommet des chutes, et qu'il se proposait, après que nous eussions déjeuné et reposé, de nous guider le long de celui-ci jusqu'au bord même du gouffre, mais que la forêt au bord de la rivière était si dangereuse à cause des glossines qu'il fallait, par prudence, porter des voiles et des gants avant d'y entrer. Avec tout cela, je ne me suis pas disputé.

FAJAO, AVEC DES INDIGÈNES RASSEMBLÉS POUR NOUS ACCUEILLIR.

Dans une petite crique rocheuse formant un petit port naturel, nous trouvâmes la flottille Albert déjà arrivée. Il se composait du *Kenia*, une vedette à vapeur longue d'environ quarante pieds, pontée et dotée d'une cabine, et tirant quatre pieds d'eau, et de trois voiliers en acier de différentes tailles, à savoir le *James Martin*, le *Good Intent*, et les *Kisingiri*. Ces petits navires devaient nous transporter sur le Nil Victoria jusqu'à l'Albert Nyanza, à travers l'extrémité supérieure de ce lac, puis sur les cent soixante-dix milles du Nil Blanc jusqu'à ce que la navigation soit interdite à Nimule par d'autres cataractes. Ils étaient pilotés par un équipage de joyeux tars swahilis élégamment vêtus de culottes blanches et de maillots bleus, sur la poitrine desquels les mots « Uganda Marine » étaient écrits en laine peignée jaune. L'ingénieur de la vedette à vapeur commandait le tout avec tous les pouvoirs de discipline et de diplomatie ; et c'était au moyen de ce petit groupe de bateaux-cockers que se maintenaient seuls le commerce et les communications avec la province du Nil et autour de tout le lac Albert. La flottille, blottie dans son port et abritée par un brise-lames rocheux contre le courant rapide, faisait un joli tableau ; et derrière lui, le Nil, strié et souvent recouvert de l'écume crémeuse des chutes, balayait en crue majestueuse six cents mètres d'un bord à l'autre.

FLOTTILLE À FAJAO.

Nous avons commencé notre ascension jusqu'au sommet des Chutes dans la chaleur torride du jour, et pour la première fois j'ai été obligé d'avouer le soleil centrafricain aussi redoutable que celui qui bat sur les plaines de l'Inde. Pourtant, même dans les pires moments, c'est plus supportable, car la brise ne vous étouffe pas avec le souffle d'une fournaise. D'abord, le chemin traversait les bosquets mortels ; et ici, bien sûr, les plus beaux papillons — environ cinq pouces de diamètre des ailes — flottaient de manière alléchante. Parfois nous descendions là où la rivière léchait les rochers et s'enroulait en tourbillons sous des îles flottantes d'écume. Des précautions étaient nécessaires contre divers dangers. Le Nil en aval des chutes Murchison fourmille de crocodiles, certains d'une taille énorme, et des troupeaux d'hippopotames se trouvent tous les 800 mètres environ ; de sorte qu'avec les fusils qu'il fallait prendre pour les grosses bêtes, et les gants et les voiles qui nous protégeaient contre les petites bêtes encore plus scélérates, nous étions péniblement encombrés. En effet, les voiles étaient tellement gênants et la chaleur était si forte que j'ai décidé de risquer la mouche tsé-tsé et j'ai enlevé le mien. Mais après une demi-heure de bourdonnements menaçants, et après qu'une mouche - sans doute du pire caractère - se soit effectivement posée sur mon épaule, repoussée par la promptitude de mon compagnon, j'ai encore changé d'avis.

Alors que nous avancions ainsi le long du bord de la rivière, un crocodile fut découvert se prélassant au soleil sur un gros rocher au milieu du cours d'eau, à environ cent cinquante mètres du rivage. J'avoue, avec quels regrets peuvent être nécessaires, une haine active contre ces brutes et le désir de les tuer. C'était un tir tentant, car le voyou dormait sous les rayons du soleil, la bouche grande ouverte et ses flancs gras et écailleux exposés. Deux ou trois oiseaux blancs qui l'accompagnaient sautillaient autour de lui, à la recherche d'abats, qu'on m'a assuré (Hérodote ne s'en porte pas garant ?) qu'ils cueillaient parfois jusqu'à ses dents. J'ai tiré. Quel a pu être le résultat du coup de feu, je l'ignore, car le crocodile poussa un sursaut d'agonie ou de surprise mortelle et disparut dans les eaux. Mais ensuite ce fut à mon tour d'être étonné. La rivière, à cette distance des chutes, n'était pas plus large que trois cents mètres, et nous pouvions voir très clairement toute la rive opposée. Jusqu'ici, cela ressemblait à une longue ligne de boue brune, sur laquelle le soleil brillait d'une manière sourde. Au bruit du coup de feu, toute cette rive de la rivière, sur une étendue d'au moins un quart de mille, fut prise d'une vie hideuse, et mes compagnons et moi vîmes des centaines et des centaines de crocodiles, de toutes sortes et de toutes tailles, se précipitant follement dans le Nil, dont les eaux le long de la côte étaient fouettées en écume blanche, exactement comme si une lourde vague s'était brisée. Il ne serait pas exagéré de dire qu'au moins un millier de ces sauriens avaient été dérangés d'un seul coup. Nos amis britanniques nous ont expliqué que Fajao était le repaire préféré des crocodiles, qui gisaient dans l'eau en contrebas des chutes en attendant les poissons et animaux morts charriés par la rivière. Très souvent, nous racontaient-ils, les hippopotames du cours supérieur du fleuve et du lac Chioga étaient capturés et entraînés vers le bas, la force de l'eau « brisant tous les os de leur corps ». "En effet", ajouta l'officier d'une manière quelque peu obscure, "ils ont *beaucoup de chance* s'ils ne sont pas réduits en bouillie."

LE SOMMET DES CHUTES MURCHISON.

PAYSAGE DE L'OUGANDA.

Enfin, nous tournâmes à un coin et nous trouvâmes face à face avec les chutes. Ils sont merveilleux à voir, non pas tant à cause de leur hauteur, bien que cela soit impressionnant, mais à cause de l'immense volume d'eau qui précipite par un orifice si étroit. En effet, vu la grande taille de la rivière en aval des chutes, il semblait impossible de croire qu'elle était entièrement alimentée par ce seul bec. Dans des nuages d'embruns arc-en-ciel et au milieu de bruits tonitruants, nous nous sommes mis au travail pour gravir le côté sud de la paroi rocheuse et, au bout d'une heure, nous avons atteint le sommet. Il était possible de marcher jusqu'à un pouce du bord et, allongé sur le visage, la tête prudemment penchée, de regarder réellement de haut l'enfer écumant en dessous. L'étroitesse de la gorge au sommet n'avait pas été surestimée. Je doute qu'il y ait quinze pieds de diamètre d'un rocher à l'autre. Dix livres, en fait, permettraient de jeter un pont de fer sur le Nil à cet endroit. Mais il est évident que les eaux qui tombaient ont dû courber et effondrer la roche sous leur surface à un degré extraordinaire, car autrement il ne pourrait pas y avoir de place pour que la rivière entière descende.

Nous attendîmes longtemps dans cet endroit étrange, observant les eaux terribles, admirant leur magnifique fureur, essayant d'en calculer la force. Qui peut douter que la bride qui retiendra et dirigera leur force se prépare, ou que le jour viendra où le triste Fajao – maintenant dépeuplé et presque abandonné – palpitera avec les machines de fabrication et de production électrique ? Je ne peux pas croire que la science moderne se contente de laisser ces forces puissantes indomptées, inutilisées, ou que des régions d'une fertilité inépuisable et inégalée, capables de fournir toutes sortes de choses dont l'industrie civilisée a besoin chaque année en plus grande quantité, ne seront pas introduites. malgré leurs insectes et leur climat, dans une sujétion cultivée. Il est certain que l'économie mondiale reste désespérément incomplète tant que ces négligences prévalent, et s'il serait inutile et insensé de se bousculer, il serait encore plus inutile et insensé de freiner les progrès constants du développement.

De ces réflexions, je fus brusquement réveillé par le Nil, dont une vague d'eaux turbulentes, soulevées par quelque agitation inhabituelle à mesure qu'elles approchaient du bord, bouillonnaient soudain sur une corniche rocheuse jusqu'alors haute et sèche, entraînant un bruissement laid et peut-être indigné. de l'eau jusqu'à mes pieds.

CHAPITRE IX

CAMP DES Hippopotames

Il ne fallut pas peu de temps pour ranger tous nos bagages, vivres et tentes sur la chaloupe et ses bateaux en acier, et bien que notre camp fût en activité à trois heures et demie, l'aube commençait à peine à se lever lorsque nous pûmes embarquer. Et puis le *James Martin* s'est coincé sur un rocher à quelques mètres du rivage de la crique qui l'abritait, et semblait s'être mis en place solidement et rapidement ; car, si nous pouvions tirer avec toute la force de la chaloupe à pleine vapeur et le poids supplémentaire du courant pour nous aider, elle ne bougerait pas d'un pouce. Il fallut donc tout décharger à nouveau du traînard, et lorsqu'il eut été ainsi allégé et que son chargement fut transféré aux canoës qui l'accompagnaient, James Kago ordonna à ses hommes de sauter dans l'eau, qui n'avait pas plus de cinq pieds de profondeur, et poussez et soulevez le petit navire pendant que le bateau à vapeur tirait. Mais les indigènes étaient très réticents à accomplir cette tâche, par crainte des crocodiles, qui pouvaient à tout moment bondir, malgré tout le bruit et le fracas. Alors le chef énergique les saisit l'un après l'autre par la taille et les jeta à plein régime dans le courant, jusqu'à ce qu'il y en ait au moins vingt autour du bateau, et alors, entre leur impatience de terminer leur travail inconfortable et notre effort corde de remorquage, le *James Martin* a flotté librement, a été rechargé et nous sommes partis.

LE DÉBARCADÈRE DE FAJAO.

Alors que nous dérivions au milieu du cours d'eau, la plus belle vue des chutes s'est présentée à nous. Il faisait déjà presque jour, mais le soleil n'avait pas encore atteint le grand escarpement sur lequel descend le Nil. Les rives des deux côtés de la rivière, recouvertes d'une forêt dense et élevée et s'élevant environ deux fois plus haut que Cliveden Woods depuis le bord de l'eau, étaient sombres dans l'ombre. La rivière était une large nappe gris acier veinée de stries d'écume plus pâles. Les portails rocheux des chutes étaient d'un noir de jais, et entre eux, éclairés par un seul rayon de soleil, brillait l'énorme cataracte – une chose d'émerveillement et de gloire, qui valait la peine de parcourir tout le chemin pour être vue.

Nous fûmes bientôt parmi les hippopotames. Tous les deux ou trois cents mètres, et à chaque détour de la rivière, nous rencontrions un troupeau de cinq à vingt personnes. Pour nous, dans une vedette à vapeur, ils ne menaçaient aucune résistance ni danger. Mais leur hostilité invétérée à l'égard des pirogues entraîne des pertes de vies répétées parmi les pêcheurs indigènes, dont les frêles embarcations se froissent comme des coquilles d'œufs sous le claquement d'énormes mâchoires. En effet, depuis ici jusqu'à Nimule, ils sont déclarés être le fléau et la terreur du Nil. Imaginez confondre un hippopotame – presque le plus grand mammifère survivant au monde – avec un nénuphar. Pourtant, rien n'est plus simple. Toute la rivière est parsemée de lys flottants, détachés de toute racine et dérivant au gré du courant. C'est l'habitude de l'hippopotame de se prélasser dans l'eau, ne montrant que ses yeux et le bout de ses oreilles, et peut-être de temps en temps un aperçu de son nez, et ainsi caché, sa silhouette est, à trois cents mètres, presque impossible à distinguer de l'hippopotame. végétation flottante. Je pensais qu'ils ressemblaient aussi à des chats géants qui voyaient. Mais bientôt, dès qu'ils nous voyaient arriver à un coin de rue et entendaient le battement de l'hélice, ils sortaient toute la tête hors de l'eau pour jeter un coup d'œil, puis plongeaient immédiatement au fond avec dégoût. Notre habitude consistait alors à couper la vapeur et à dériver silencieusement vers eux. De cette façon, on arrive au milieu du troupeau, et quand la curiosité ou le manque d'air les oblige à remonter, il y a une chance de coup de feu. Un grand gaillard s'approcha pour respirer à moins de cinq mètres du bateau, et l'air d'étonnement, d'alarme, d'indignation, dans ses grands yeux expressifs – comme avec un vaste reniflement il plongeait en bas – était comique à voir. Ces créatures ne sont pas faciles à tuer. Ils augmentent dans les quartiers les plus inattendus et redescendent en une seconde. On n'aime pas courir le risque de simplement les blesser, et la cible présentée est petite et inéluctable. J'en ai tiré un qui a coulé avec une sorte de cri dur et un bruit sourd de balle. Nous avons attendu longtemps qu'il remonte à la surface, mais en vain, car il a dû être transporté dans ou sous un lit de roseaux et n'a pas pu être récupéré.

TÔT LE MATIN SUR LE NIL À FAJAO.

FAJAO.

Les chutes Murchison, ou Karuma, comme les appellent les indigènes, sont à environ trente milles de distance du lac Albert, et comme avec le courant nous faisions six ou sept milles à l'heure, cette partie de notre voyage était courte. Ici, le Nil offre une voie navigable splendide. Le chenal principal a au moins dix pieds de profondeur et la navigation, malgré les bancs de sable mouvants, les îles et les enchevêtrements de roseaux et d'autres végétaux, n'est pas difficile. La rivière elle-même est d'une eau délicieuse et douce, et coule en de nombreux endroits sur une largeur d'un demi-mile. Ses rives, sur les vingt premiers milles, étaient ombragées par de beaux arbres, et contenues çà et là par des promontoires audacieux, profondément escarpés par le courant. Le contour dentelé des hautes montagnes de l'autre côté de l'Albert Nyanza fut bientôt visible peint en ombre sur le ciel occidental. À mesure que l'on s'approche du lac, le paysage riverain dégénère ; les bancs de sable sont devenus plus complexes ; les rives sont basses et plates, et d'immenses marais empiètent sur la rivière de chaque côté. Et pourtant, même ici, le voyageur évolue dans un monde imposant.

Enfin, après cinq ou six heures de navigation, nous franchissons l'embouchure du Nil Victoria et nageons jusqu'aux vastes étendues du lac. Heureusement, cette fois-ci, c'était assez calme. Comme j'aurais alors souhaité ne pas me laisser dissuader par le temps et les courbines d'un voyage plus long, et que nous puissions tourner vers le sud et, contournant l'Albert, remonter la rivière Semliki avec tous ses attraits mystérieux, visiter le forêts des rives sud-ouest, et aperçu peut-être une lueur des neiges de Ruenzori ! Mais nous étions aux prises avec des arrangements soigneusement réfléchis et, comme des enfants dans un magasin de jouets de Noël qui regardent toujours en arrière, nous étions toujours pressés d'avancer.

Pourtant, le progrès a offert ses récompenses, tout comme les retards. Certains membres de mon groupe avaient gagné la confiance de l'ingénieur de la vedette, qui leur avait révélé un précieux secret. Il semblait que « quelque part entre le lac Albert et Nimule » — pour ne pas être trop précis — il existait un endroit connu seulement des élus, et d'un ou deux d'entre eux seulement, où les éléphants abondaient et les rhinocéros pullulaient. Et ces rhinocéros, remarquons-le, n'étaient pas de votre variété noire commune, avec deux cornes trapues presque égales en taille et une pointe préhensile à leur nez. Pas du tout; c'étaient ce qu'on appelle des rhinocéros "blancs" - les rhinocéros blancs de Burchell, [1] c'est leur style complet - avec une corne longue, mince et énorme, peut-être un mètre de long - sur le nez et avec des lèvres supérieures larges et carrées. Naturellement, nous étions tous très excités, et afin de gagner une journée sur notre itinéraire pour étudier de plus près ces animaux très rares et remarquables, nous décidâmes de ne pas débarquer et dresser un camp, mais de continuer toute la nuit. Pendant ce temps, notre ami l'ingénieur entreprit d'accomplir la tâche difficile de retrouver le canal, avec tous ses détours, dans l'obscurité.

La scène alors que nous quittions le lac Albert et entrions dans le Nil Blanc était d'une beauté incomparable. Le soleil venait tout juste de se coucher derrière les hauts sommets déchiquetés des montagnes du Congo, à l'ouest. L'une après l'autre, et à distance en distance, ces hauteurs magnifiques — s'élevant peut-être à huit ou neuf mille pieds — se déroulaient en vagues de roches couleur prune sombre, surmontées de feu doré. Le lac s'étendait apparemment sans limite comme la mer, vers le sud dans une houle d'eaux toujours plus large, rougie hors de l'ombre des montagnes dans un rose délicieux. Sur sa surface, notre petite flottille – quatre sur une ficelle – pagayait vers les rives nord plus étroites et le canal du Nil.

APPROCHE DU LAC ALBERT, AVEC LES COLLINES DU CONGO AU LOIN.

WADELAÏ.

Le Nil Blanc quitte le Lac Albert en majesté. Jusqu'à Nimule, cela ressemble souvent plus à un lac qu'à une rivière. Pendant les vingt premiers milles de son parcours, il me parut avoir au moins deux milles de diamètre. Le courant est doux, et parfois dans les larges lagons et les baies où s'étendent les eaux calmes, il est à peine perceptible. J'ai dormi sous un auvent sur le *Kisingiri*, le dernier et le plus petit bateau de la série, et, à l'exception du timonier indigène et des piles de bagages, j'avais tout pour moi seul. C'était en effet délicieux de s'allonger attisé par les brises fraîches et bercé par les clapotis apaisants des ondulations, et d'observer, pour ainsi dire, depuis le pays des rêves, les contours sombres des berges glisser rapidement et les longs niveaux de l'eau éclairés par la lune.

Au point du jour, nous étions à Wadelai. En vingt-quatre heures après avoir quitté Fajao, nous avions parcouru près de cent milles de notre voyage. Sans le soupir d'un seul porteur, ces petits bateaux et cette chaloupe avaient transporté l'ensemble de notre « safari » sur une distance qui, sur terre, aurait nécessité le travail et les souffrances de trois cents hommes pendant au moins une semaine d'effort ininterrompu. Tels sont les contrastes qui font comprendre l'importance d'utiliser les voies navigables de l'Afrique centrale, d'y établir une circulation complète et d'utiliser les chemins de fer en premier lieu simplement pour les relier entre eux.

Wadelai était désert. Sur une haute rive de la rivière se dressaient une longue rangée de hautes maisons au toit de chaume, les murs d'un fort et des bâtiments de construction européenne. Tout était nouvellement abandonné à la ruine. Les Belges évacuent tous leurs postes de l'enclave de Lado, sauf Lado lui-même, et ces gares, si laborieusement construites, si longtemps entretenues, seront bientôt englouties par la jungle. Le gouvernement ougandais réduit également ses garnisons et son administration dans la province du Nil, et le voyageur voit, non sans mélancolie, le spectacle d'une civilisation définitivement en retrait après plus d'un demi-siècle d'efforts et d'expérimentations.

Nous avons débarqué et gravi les pentes à travers des herbes hautes et des rochers épars jusqu'à nous retrouver au milieu des bungalows et des cabanes pourris de ce qui avait été une tentative audacieuse pour l'existence d'une ville. Wadelai était occupée par des hommes blancs depuis peut-être cinquante ans. Pendant un demi-siècle, cette faible lueur de la modernité, des cigarettes, des journaux, du whisky et des cornichons, avait brûlé sur les rives solitaires du Nil Blanc pour encourager et attirer le pionnier et le colon. Aucun n'avait suivi. Maintenant, il était éteint ; et pourtant, lorsque j'examinais le vaste paysage avec ses étendues vertes, ses pics élevés, ses arbres, sa verdure, s'élevant du bord du fleuve puissant et majestueux, je ne pouvais pas me résoudre un instant à croire que la civilisation en avait fini avec le la province du Nil ou l'enclave du Lado, ou qu'il n'y a pas d'avenir pour des régions qui promettent tant de choses.

Tout au long de la journée, nous avons pagayé prospèrement avec le ruisseau. Parfois le Nil se perdait dans des labyrinthes de papyrus, qui reproduisaient les abords du lac Chioga, et à travers lesquels nous suivions un cours tortueux, avec de nombreuses bosses et effleurements aux détours. Mais le plus souvent, les berges étaient de bonne terre ferme, avec çà et là de belles falaises de grès rouge, creusées par l'eau et s'élevant brusquement de son bord, couronnées de feuillages luxuriants. Par endroits, ces falaises étaient percées de chaussées étroites, presque des tunnels, serpentant jusqu'aux hauteurs, et d'une construction parfaitement lisse et régulière. Ils semblaient avoir été faits exprès pour donner accès à la rivière et en revenir ; et c'est ce qu'ils avaient été – par les éléphants. Des légions d'oiseaux aquatiques habitaient les roseaux, et des troupes de grues s'élevaient à l'approche de la flottille. Parfois, nous voyions de très gros oiseaux, du genre pélican, presque aussi gros qu'un homme, se tenant contemplatifs sur une seule patte, et souvent au sommet des arbres un aigle pêcheur, glorieux en bronze et crème, assis au soleil et guettant un proie.

Je m'arrêtai une fois dans l'espoir d'attraper des papillons, mais je ne trouvai rien de distinctif : seulement une variété abondante de types communs, un haut niveau de médiocrité sans beautés ni commandants, et des essaims de moustiques féroces prêts à disputer le terrain à tout venant ; et il était presque quatre heures de l'après-midi lorsque la chaloupe vira brusquement vers la gauche hors du cours d'eau principal dans une petite baie semi-circulaire de cinq cents mètres de large, et nous arrivâmes à atterrir à « Hippo Camp ».

CAMP D'HIPPOPOTAMES.

Nous pensions qu'il était beaucoup trop tard pour tenter une fusillade sérieuse ce jour-là. Il faisait à peine trois heures et demie de jour. Mais après trente-six heures à l'étroit sur ces petits bateaux, une promenade à travers la jungle était très attrayante ; et, en conséquence, nous divisant en trois groupes, nous partîmes dans trois directions différentes, comme les rayons d'une roue. Le capitaine Dickinson, qui commandait l'escorte, se dirigea vers la droite avec le médecin ; Le colonel Wilson et un autre officier partirent perpendiculairement à la rive du fleuve ; et je me dirigeai vers la gauche sous la conduite de notre ami l'ingénieur. Je raconterai très brièvement ce qui est arrivé à chacun de nous. Le groupe de droite entra, après une heure de marche, dans un grand troupeau d'éléphants, qu'ils comptaient au nombre de plus de soixante. Ils ne virent pas de très beaux taureaux ; ils se trouvèrent entourés de toutes parts par ces redoutables animaux ; et, le vent étant variable, l'heure tardive et le lendemain libre, ils jugèrent sage de rentrer au camp sans tirer. Le groupe du centre, composé du colonel Wilson et de son compagnon, arriva soudain, après environ un mile et demi de marche, sur un bel éléphant mâle solitaire. Ils le traquèrent pendant quelque temps, mais il s'éloigna, et, se voyant suivi, tout à coup, sans le moindre avertissement de sa part et sans grande provocation de leur part, il leva sa trompe, claironna et chargea furieusement sur eux ; sur quoi ils eurent juste le temps de lui tirer des coups de fusil au visage et de s'écarter de son chemin. Cet éléphant fut suivi pendant quelques milles, mais ce n'est que trois mois après que nous apprîmes qu'il était mort de ses blessures et que les indigènes avaient récupéré ses défenses.

Voilà pour mes amis. Notre troisième groupe de gauche s'est éloigné, s'éloignant progressivement de la rive du fleuve vers l'intérieur des terres. C'était un pays de broussailles sauvages, avec des herbes hautes et des rochers et de nombreux arbres et buissons de taille moyenne, intercalés tous les cent mètres environ par des arbres beaucoup plus grands. Près du Nil , de vastes marécages, avec des roseaux de quinze pieds de haut, s'étendaient vers l'intérieur des terres en longues baies et en doigts, et c'étaient, nous a-t-on dit, les repaires des rhinocéros blancs. Nous avions dû marcher avec précaution et péniblement pendant près de trois quarts d'heure, lorsque j'aperçus, à travers une clairière, à environ deux cents mètres de distance, un grand animal sombre. D'après ce que j'avais vu en Afrique de l'Est, j'étais presque sûr qu'il s'agissait d'un rhinocéros. Nous nous arrêtâmes et l'examinâmes attentivement avec nos lunettes, quand tout à coup sa taille parut tripler, et l'ouverture de deux oreilles gigantesques, aussi grandes, semblaient-elles, que les battants des portes-fenêtres, proclamèrent la présence du Éléphant d'Afrique. L'instant d'après, un autre, puis un autre, encore un autre apparurent, se balançant tranquillement droit vers nous – et le vent était presque complètement faux.

Nous changâmes de position par une marche de flanc d'une célérité admirable, et du haut d'une colline voisine de fourmis-ours, nous observâmes, à une distance d'environ cent cinquante mètres, la majestueuse et impressionnante procession de onze éléphants. Ils arrivèrent, flânant d'un pied à l'autre, deux ou trois défenses sans grand mérite, plusieurs grosses femelles sans défenses et deux ou trois veaux. Sur le dos de chaque éléphant se trouvait au moins une belle aigrette blanche, et parfois trois ou quatre, hautes d'environ deux pieds, qui picoraient la peau dure - je présume pour le très petit gibier - ou examinaient la scène avec la conscience de la pompe. Ces vues ne sont pas inhabituelles pour le chasseur africain. Ceux qui habitent dans le désert sont les héritiers de ses merveilles. Mais j'avoue que c'était une expérience vraiment merveilleuse et passionnante de se promener dans une forêt peuplée de ces nobles Titans, d'assister à leur marche mystérieuse, presque fantomatique, de voir autour de nous de tous côtés, dans de grands arbres cassés à quelques mètres de le sol, dans d'énormes branches arrachées pour le sport, témoignages de leur force géante. Et puis, pendant que nous les regardions descendre vers l'eau, j'ai entendu un léger bruissement immédiatement derrière nous, et en me retournant, j'ai vu, à moins de quarante mètres, un splendide rhinocéros adulte, avec la longue et fine corne de sa rare tribu sur lui. lui – le célèbre rhinocéros blanc – Burchell lui-même – se promenant placidement chez lui après son verre du soir et totalement inconscient de la présence d'un étranger ou d'un ennemi !

Nous avions très soigneusement évalué notre vent par rapport aux éléphants. C'était donc absolument faux en ce qui concerne le rhinocéros. J'ai vu qu'au bout d'une cinquantaine de mètres, il le traverserait à pied. Pour ma part, perché au sommet d'un cône de fourmi-ours de trois mètres de haut, je n'ai aucune crainte à avoir. J'étais parfaitement en sécurité. Mais mes compagnons, ainsi que les infirmiers et les matelots indigènes qui nous accompagnaient, ne bénéficiaient pas d'une telle sécurité. Les conséquences de ne pas tuer la brute à cette distance et avec ce vent auraient été une charge folle directement à travers notre groupe. Un sens des responsabilités me retenait sans doute ; mais je dois aussi avouer mon étonnement le plus complet devant cette apparition inattendue. Pendant que j'essayais de pousser les autres par des signaux et des chuchotements vers des endroits plus sûrs ; le rhinocéros se déplaçait d'un pas régulier, traversa la ligne de vent, s'arrêta un moment derrière un petit buisson, puis, averti du danger, s'enfuit dans les profondeurs de la jungle. J'avais gâché le cliché le plus simple que j'ai jamais eu en Afrique. Entre-temps, les éléphants avaient disparu.

M. Churchill sur l'échelle d'observation au camp Hippo.

BANQUE DU NIL VICTORIA.

Nous rentrâmes au camp les mains vides et le cœur battant, non sans chagrin de l'occasion qui s'était évanouie, mais avec le plus vif appétit et les plus grands espoirs pour le lendemain. Ainsi, en trois heures et à moins de quatre milles de notre lieu de débarquement, nos trois groupes distincts avaient vu autant des plus grands animaux sauvages qu'il suffirait de récompenser tout l'effort d'une chasse au gros gibier ordinaire. Alors que je m'endormais cette nuit-là dans le petit *Kisingiri* , amarré dans la baie, et que j'entendais les aboiements grognants des hippopotames flottant et jouant tout autour, mêlés aux cris des oiseaux et aux doux bruits du vent et de l'eau, l'Africain La forêt a pour la première fois fait appel à mon cœur, passionnante, irrésistible, à ne jamais oublier.

Dès le petit matin, nous sommes tous partis dans le même ordre et avec les résolutions les plus fermes. Pendant la nuit, les marins avaient construit avec de longues perches de bambou une sorte de trépied léger qui, servant de tour d'observation, nous permettait de voir par-dessus les hautes herbes et les roseaux, ce qui s'est avéré très pratique et très avantageux. , même si c'était pénible de traîner. Nous passâmes toute la matinée à rôder, mais la jungle, qui, douze heures auparavant, nous paraissait si peuplée de gibier de toutes sortes, semblait maintenant complètement dénuée. Enfin, grâce à un télescope placé au sommet d'un arbre, nous avons vu, ou avons cru voir, quatre ou cinq éléphants, ou de gros animaux de quelque espèce, broutant à environ trois kilomètres de distance. Ils étaient de l'autre côté d'un énorme marais, et pour s'en approcher, il fallait non seulement le traverser, mais aussi le parcourir en cercle pour le bien du vent.

Nous nous enfoncions donc dans ce vaste dédale de roseaux, en suivant les chemins tortueux que le jeu y faisait, sans savoir sur quoi nous pourrions tomber à chaque pas. Le sol sous les pieds était assez ferme entre les canaux et les mares de boue et d'eau. L'air était étouffant. Les grands roseaux et les herbes semblaient étouffer ; et au-dessus, à travers leur entrelacs, brillait le plein éclat du soleil de midi. Patauger et se dandiner à travers un tel pays avec un fusil à double canon · 450, non pas sur l'épaule, mais dans les mains pour un service instantané, scrutant chaque coin, soupçonnant chaque buisson épineux, pendant au moins deux heures, n'est pas si agréable. comme ça en a l'air. Nous débouchâmes enfin de l'autre côté, sous un arbre magnifique, dont la hauteur en avait fait notre phare dans les profondeurs du marais, et dont les branches étendues offraient une ombre délicieuse.

Il était trois heures. Nous avions travaillé pendant neuf heures et n'avions rien vu, littéralement rien. Mais à partir de ce moment notre chance fut brillante. Nous avons d'abord observé deux sangliers jouer à se battre dans une petite clairière : spectacle des plus délicieux, que j'ai apprécié pendant deux ou trois minutes avant qu'ils nous découvrent et s'enfuient. Ensuite, une douzaine de superbes cobes d'eau furent aperçues broutant sur la crête d'une petite crête à portée de vue, et auraient formé la proie d'un autre jour ; mais notre ambition s'élevait au-dessus d'eux, et nous ne risquions pas de déranger la jungle à cause de toutes leurs belles cornes. Puis, troisièmement, nous nous sommes heurtés au rhinocéros. Combien, je ne suis pas sûr – quatre au moins. Nous les avions en fait dépassés alors qu'ils s'abritaient sous les arbres. Maintenant, ils étaient là, à soixante mètres à l'arrière gauche – des corps sombres, sombres et sinistres, à peine visibles à travers l'herbe ondulante.

Lorsque vous tirez de sang-froid avec un fusil lourd, vos dents claquent et vous avez mal à la tête. Dans un moment comme celui-ci, on est presque inconscient du bruit et du recul. Il s'agit peut-être d'un fusil de chasse. Le rhinocéros le plus proche était de travers. Je l'ai frappé violemment avec les deux canons, et il est tombé, pour se relever dans des luttes hideuses - la tête, les oreilles, la corne s'épanouissaient douloureusement au-dessus de l'herbe, comme s'il s'efforçait d'avancer, pendant que je chargeais et tirais encore deux fois. C'est tout ce que j'ai vu moi-même. Deux autres rhinocéros s'échappèrent par la colline, et un quatrième, courant dans l'autre sens, chargea les marins indigènes qui transportaient notre tour d'observation, qui furent très heureux de la lâcher et de se disperser dans toutes les directions.

M. CHURCHILL ET LE RHINOCÉROS BLANC DE BURCHELL.

Abattre un bon spécimen de rhinocéros blanc est un événement suffisamment important dans la vie d'un sportif pour que le jour où cela se produit soit brillant et mémorable dans son calendrier. Mais d'autres émotions nous attendaient avant la nuit. À environ un mile de l'endroit où gisait notre victime, nous nous sommes arrêtés pour nous reposer, nous réjouir et, surtout, nous rafraîchir. La tour d'observation, qui avait été si péniblement traînée toute la journée, fut érigée, et, en l'escaladant, j'aperçus aussitôt au bord du marais pas moins de quatre autres rhinocéros adultes, à quatre cents mètres à peine. Une haute fourmilière, à portée de main, nous offrait un abri pour les traquer, et le vent était tout à fait favorable. Mais le lecteur s'est suffisamment attardé sur ce paradis des chasseurs. Il suffit de dire que nous avons tué deux autres de ces monstres, tandis que l'un s'est enfui dans le marais, et que le quatrième s'est précipité sauvagement sur nous et a galopé à travers notre groupe sans apparemment être touché ni blesser personne. Puis, marquant les endroits où gisaient les carcasses, nous rentrâmes chez nous à travers le marais, trop triomphants et trop fatigués pour nous inquiéter des fugitifs enragés qui se cachaient dans ses recoins. Il était très tard lorsque nous arrivâmes à la maison, et nos amis avaient déjà taillé les défenses d'un bon éléphant que le colonel Wilson avait abattu, et faisaient rôtir un chevreuil qui avait commodément reconstitué notre garde-manger.

L'ÉLÉPHANT DU COLONEL WILSON .

LE « KENIA », LE « JAMES MARTIN » ET LE « GOOD HOPE » SUR LE NIL BLANC.

Telle fut notre journée à Hippo Camp, où il est recommandé au passionné de chasser de se rendre lorsqu'il peut se faire montrer le chemin par quelqu'un.

CHAPITRE X

SUR LE NIL BLANC

Nous nous sommes attardés avec amour autour du camp d'Hippo pendant encore deux jours, nous déplaçant vers d'autres lagons et débordements de la rivière avec la vedette, et nous dirigeant vers l'intérieur des terres à la recherche du grand troupeau d'éléphants. Mais bien que leur présence récente fût proclamée de tous côtés par des arbres arrachés, des sols piétinés et de larges allées taillées dans l'herbe, nous n'en vîmes aucun ; et une tribu d'indigènes qui aidait à rapporter chez eux une variété de cerfs un après-midi, nous informa d'autorité experte que tout le troupeau avait été alarmé par l'arrivée d'étrangers et le bruit des coups de feu, et s'était retiré à trois jours de voyage du fleuve. banque. Ces indigènes – de l'enclave de Lado – ressemblaient à des gentlemen, et j'ai longuement discuté avec eux de leurs affaires. Ils étaient complètement nus et très dignes, avec des corps athlétiques gracieux, de longues mains effilées et bien élevées et des yeux brillants et perçants. Le chef local présentait toutes ces caractéristiques à un degré supérieur, et sa prééminence naturelle était reconnue avec une obéissance instantanée par ses partisans. Nous les avons comblés de cadeaux. Premièrement, les quantités de viande et de peaux ; puis du chocolat partout — ils aiment les choses sucrées — trois morceaux de sucre chacun, au moins une bouteille vide par homme, et des pots en fer blanc et des boîtes en carton presque sans limite. Le chef montrait du bon goût pour toutes ces choses, et annexait aussitôt, à la manière impériale, tout ce qui lui plaisait, à qui que ce soit. Je cherchai un moyen de lui rendre un honneur particulier et me rappelai heureusement que j'avais acheté un *kimono japonais* comme robe de chambre en passant par Port-Saïd pendant le voyage. Avec cela, il fut immédiatement revêtu, et je dois dire qu'il assuma le vêtement fluide avec cette grâce facile et cette maîtrise naturelle de soi qui sont les dons d'une vie dans le désert. Ainsi les tissus de Cathay furent par l'entreprise européenne introduits au cœur de l'Afrique.

Lorsque finalement, avec beaucoup de réticence, nous quittions cet endroit attrayant et nous enfoncions résolument dans le ruisseau, nous ne perdîmes pas de temps pour atteindre Nimule. Courant toute la nuit et toute la journée suivante le long d'une large inondation contenue par des pentes élevées et saines, tantôt couvertes de forêt, tantôt d'herbe ondulante, nous approchâmes, vers quatre heures de l'après-midi, des montagnes au pied desquelles se trouve la station administrative de Nimule. Jusqu'à présent, le cours du Nil depuis qu'il quittait le lac Albert avait été lisse et ouvert - un fleuve large et au courant constant, partout navigable pour des navires d'un tirant d'eau ne dépassant pas quatre pieds. Mais à Nimule, après un tronçon de plus de cent soixante-dix milles de voie navigable dégagée, la rivière tourne à angle droit et pénètre dans une longue succession de gorges granitiques, à travers lesquelles elle plonge en cataracte incessante sur cent vingt milles. C'est ici, à la tête de ces rapides, qu'il faudra un jour construire l'un des grands réservoirs du haut Nil. "J'ai passé des heures", a déclaré Sir William Willcocks, le "mystique pratique" du génie hydraulique, "à regarder le site et à voir dans une vision un grand travail de régulation du futur". Et en effet, le contrôle scientifique exact de tout le vaste système des eaux centrafricaines, des niveaux de chaque lac, du débit de chaque canal, de mois en mois et de jour en jour tout au long de l'année, est une nécessité si évidente et incontestée. quant à laisser l'argumentation sans emploi.

Le changement dans le caractère du fleuve nous sépara finalement de notre flottille. De Nimule à Gondokoro, nous devons de nouveau procéder par terre, et les progrès rapides et faciles des derniers jours doivent être échangés contre le rythme régulier des marches. C'était cette étape qui m'avait toujours été peinte comme la plus dangereuse et la plus malsaine de tout notre voyage, et je m'étais imaginé huit jours de labeur à travers marais et forêt au milieu des miasmes et des moustiques. Ces anticipations n'ont pas été soutenues. Je ne peux pas parler des inconvénients de la piste le long de la rivière ; mais la route supérieure qui traverse les collines est certainement excellente et saine, et traverse les ondulations fermes et sèches d'un pays clair, venteux et couvert de broussailles.

A Nimule, nous touchâmes de nouveau le fil télégraphique, et par les accumulations du Reuter que j'étudiai, j'appris que le Parlement ne se réunirait que le 19 janvier. Cela me donnait encore dix jours de corde, et je commençais à comprendre à quel point l'esprit de ces terres merveilleuses s'était emparé de moi, car ce n'est qu'avec la plus grande réticence et la plus grande difficulté que je me suis forcé à poursuivre mon voyage de retour sans avoir d'abord faire demi-tour avec la vedette et faire le tour du lac Albert. Aucun effort ni aucun inconvénient ne semblaient trop grands pour avoir quelques aperçus supplémentaires de ces mers et de ces jardins enchantés, que je ne regarderai peut-être plus, mais dont je ne pourrai jamais me libérer du charme. Les porteurs à nourrir au jour le jour, le paquebot du Sirdar attendant à la frontière soudanaise, les réunions publiques qui se profilaient au loin, me poussèrent en avant ; et avec des sentiments de regret vif et sincère, nous nous sommes mis en route vers la marche vers Gondokoro.

Cela s'est déroulé sans incident en six étapes, dont trois doubles marches. Le pays était agréable et sain, le paysage imposant et, sous un soleil brûlant, l'air était frais. Chaque matin, nous partions avant l'aube et, à midi, nous campions au bord de l'un des affluents ou ruisseaux qui se jettent dans le Nil. Parmi ceux-ci, l'Asua était le plus important, et l'image du long *safari* le traversant à gué et arrivant au camp parmi les palmiers de la rive sud est une image qui reste agréablement dans ma mémoire. Mais je dois dire ceci : d'une manière ou d'une autre, après Nimule, le charme fut rompu, et aucune des régions que traverse le voyageur au cours de la longue descente du Nil ne ravive en aucune manière ces délicieuses sensations d'émerveillement et de nouveauté qui sont associées au grand les lacs et les royaumes de l'Ouganda, Usoga et Unyoro, sans parler de ce que je n'ai pas eu le bonheur de voir : Toro, Ankole, le Semliki et les Montagnes de la Lune.

A la fin du sixième jour nous arrivâmes à Gondokoro. La dernière marche avait été longue et torride. L'humidité semblait avoir disparu de l'air et la végétation, si abondante soit-elle, semblait desséchée et rabougrie. Les abords de Gondokoro sont assaillis par un troupeau de trois cents éléphants d'une particulière mauvaise réputation. Presque tous les défenseurs éligibles ont été tués. Les femelles et les jeunes taureaux sont féroces et méfiants et, instruits par des contacts fréquents avec l'homme blanc et protégés par les lois sacrées du gibier, exercent un pouvoir tyrannique et anarchique sur toute la région. De tous côtés, leurs déprédations sont visibles. De grands arbres renversés dans un sport imprudent, des plantations indigènes piétinées jusqu'à la ruine, les routes rendues précaires pour le voyageur, les courriers souvent interrompus pendant des jours et des pertes occasionnelles de vies humaines, sont les caractéristiques de cette domination. Et cela risque de durer longtemps , car on m'a informé que les jeunes taureaux ne seraient pas suffisamment grands avant une quarantaine d'années, et encore, comme les deux officiers blancs de la station ne sont pas autorisés à abattre plus d'un éléphant chacun chaque année, les nuisances ne diminueront que progressivement.

Les éléphants rebelles sont bien entendu un gibier à tout moment, et la veille de notre arrivée à Gondokoro, le jeune officier civil de la station en avait rencontré un d'une manière qu'il ne pouvait guère oublier. Car, après avoir poursuivi ce malfaiteur pendant quelque temps, il se trouva enfin dans une excellente position, et s'apprêtait à tirer à une distance de trente mètres, lorsque tout à coup l'éléphant, sans même claironner, se précipita furieusement sur lui, et, sans y prêter attention. aux deux lourdes balles qui l'atteignirent à la tête, il poursuivit l'officier à deux reprises autour d'un buisson d'une taille inhabituelle ; puis, distrait par le spectacle du porteur de fusil indigène en fuite, il se tourna vers cette nouvelle proie, et, rattrapant le pauvre malheureux, le brisa en morceaux d'un seul coup de sa terrible trompe. "Cet animal est très méchant; quand on l'attaque, il se défend." Nous arrivâmes au bungalow, qui sert de siège au gouvernement, à temps pour voir les défenses de cet assassin, mort de ses blessures, apportées par la tribu dont il avait si souvent ravagé les plantations.

Gondokoro, comme la plupart des noms qui figurent de manière si imposante sur la carte africaine, n'est pas une ville très peuplée. Il y a environ six maisons et un certain nombre de cabanes indigènes. Il y a cependant une station télégraphique, une prison, un palais de justice et les lignes d'une compagnie de police indigène et des King's African Rifles. Ici, le Nil redevient navigable et offre une voie navigable continue et ouverte aux grands navires jusqu'à ce que la cataracte de Shabluka soit atteinte, à cent milles au-dessous de Khartoum et quinze cents milles de Gondokoro. Et ici, sur la rive du fleuve, visibles à travers un entrelacs de palmiers, se trouvaient l'entonnoir blanc et la superstructure du paquebot du Sirdar avec toutes les lettres et tous les journaux ; et qui, au lieu de nous poursuivre à travers l'Ouganda, était « venu par l'autre chemin ».

« Était venu par l'autre chemin » : c'est une phrase facile à écrire : mais combien elle signifie dans l'histoire moderne de l'Afrique ! Il y a dix ou onze ans, ce voyage que je pouvais maintenant faire si facilement, si prospèrement, si confortablement, aurait été tout à fait impossible. L'empire des Derviches, s'étendant de Wady Halfa ou Abu Hamed jusqu'à Wadelai, interposait une dure barrière que seul un champ sinistré pouvait balayer ; et ces longs tronçons du Nil, qui portaient désormais une flotte de cinquante paquebots, se taisaient dans l'étreinte d'une barbarie dévastatrice. Un sinistre massacre qui avait jonché les sables de Kerreri, à douze cents milles au nord, de cadavres vêtus *de jibba* « comme des congères » avait détruit un passage, et le Nil était libre.

Embarqués à Gondokoro, nous passâmes du domaine du ministère des Colonies au domaine de cette autorité commune indéfinie qui régit le Soudan, qui arbore deux drapeaux côte à côte sur chaque édifice public, et avec laquelle vous ne pouvez correspondre que par l'intermédiaire du ministère des Affaires étrangères britannique. .

LES FONCTIONNAIRES BELGES À LADO.

GONDOKORO.

Désormais notre voyage fut confortable et régulier. Pourtant, bien que je n'eusse aucun travail officiel à accomplir et que je revienne simplement par le chemin le plus court, je ne pouvais traverser le Soudan sans le plus vif intérêt. Quand on est parti du Caire et qu'on a remonté le Nil jusqu'à Wady Halfa, traversé le chemin de fer du désert jusqu'à l'Atbara, et parcouru de là deux cents milles jusqu'à la bataille d' Omdurman, on a l'impression d'avoir vu quelque chose du Nil. Pourtant, nous l'avions maintenant suivi dans l'autre sens depuis sa source sur près de cinq cents milles, et pourtant douze cents autres sont intervenus avant même qu'Omdurman ne soit atteint ; et à mesure que le fleuve puissant et sans égal déroulait sa longueur et son histoire immémoriale, les sentiments de révérence, sans lesquels aucun voyageur ne peut boire ses eaux douces, devinrent en intensité.

Je ne cède à personne en reconnaissance du travail constructif et reconstructeur que Sir Reginald Wingate et ses officiers compétents ont accompli, avec de maigres moyens et malgré de graves dangers militaires, au Soudan. Pourtant, il n'est pas possible de descendre continuellement le Nil depuis sa source à Ripon Falls sans se rendre compte que le meilleur se cache derrière soi. L'Ouganda est la perle. La province du Nil et l'enclave du Lado présentent des panoramas splendides et séduisants. Même la marche de Nimule à Gondokoro traverse une région fertile et inspirante. Mais dès lors, la beauté disparaît du paysage et la richesse du territoire. Nous quittons les régions aux pluies abondantes, à la luxuriance équatoriale, aux peuples dociles, aux oiseaux, aux papillons et aux fleurs magnifiques. Nous entrons dans des royaumes austères, aux aspects sinistres et inquiétants, où la nature est cruelle et stérile, où l'homme est fanatique et souvent armé d'un fusil. La culture, voire la végétation, n'est qu'une bande le long de la rive du fleuve : et même là, les buissons épineux et les aloès épineux en sont les principaux éléments constitutifs. Nous entrons dans deux déserts successifs aussi contrastés par leur caractère, aussi redoutables par leur inhospitalité, que les Cercles de l'Enfer de Dante : le Désert de Sudd et le Désert de Sable.

A environ cent milles de Gondokoro, le Nil Blanc entre et se déverse dans un vaste et effroyable marais. De l'action de cette formidable éponge, qu'elle soit bénéfique pour réguler le débit, ou nocive pour gaspiller l'eau par évaporation, il n'y a rien à dire ici. Mais son aspect est à la fois si lugubre et si terrifiant que le parcourir est une expérience étrange. Notre paquebot, avec le courant favorable, faisait au moins sept milles à l'heure, et, comme la lune était pleine, nous voyagions nuit et jour. Pendant trois jours et trois nuits, nous étions continuellement dans cet horrible marécage dans lequel le Royaume-Uni tout entier pouvait facilement s'entasser. De jour, depuis le toit du haut poste de pilotage, une vue dominante révélait heure après heure, dans toutes les directions, un océan ininterrompu de végétation flottante s'étendant vers des horizons lointains. La plante papyrus est en elle-même une chose belle, gracieuse et vénérable. Voyager à travers le *Sudd* , c'est le haïr pour toujours. S'élevant à quinze pieds au-dessus du niveau de l'eau, étendant ses racines à vingt ou même trente pieds plus bas, et si emmêlés et enchevêtrés que les éléphants peuvent marcher en toute sécurité sur sa surface élastique, le papyrus est le début et la fin de ce monde mélancolique. Sur des centaines de kilomètres, rien d'autre n'est visible : pas une crête de montagne bleue à l'horizon, à peine un arbre, aucune habitation humaine, aucun signe de bête. Le silence n'est rompu que par le coassement d'innombrables armées de grenouilles et le cri des oiseaux mornes.

Les opérations vigoureuses des *sudd* -cutters ont ouvert, et le trafic constant des bateaux à vapeur a conservé et amélioré un canal d'une centaine de mètres de large, serpentant par des boucles et des tire-bouchons à travers le marais. La rivière présente une profondeur de trente pieds le long de ce cours, et de plus gros navires pourraient parcourir sa longueur sur près de mille milles. La navigation est complexe et particulière. En fait, cela semble être un art en soi. Aucun effort n'est fait par les pilotes arabes, qui sont seuls employés, pour éviter les collisions avec les berges. Au contraire, ils les considèrent comme un élément essentiel de leur gestion du bateau à vapeur. Le navire se cogne régulièrement à presque tous les coins d'un coussin de *sudd* à l'autre, ou plonge son nez dans les roseaux et attend que les courants entraînent sa poupe, se cogne encore et reprend sa direction. Parfois, lorsque les virages étaient très brusques, nous faisions demi-tour, non pas une mais deux ou trois fois, et nos mouvements autour d'une courbe en S étaient encore plus compliqués. Les bosses nous faisaient parfois tomber de nos chaises et nous étalaient sur le pont. De cette manière étrange, nous avons valsé à toute vitesse pendant environ soixante-dix ou quatre-vingts heures.

Pendant ce temps, le Nil accomplissait sa destinée. Ses vastes fleuves affluents, le Sobat et le Bahr-el-Ghazal, sont venus renforcer son débit. Les kilomètres s'étalaient derrière nous en une longue succession de centaines. Enfin les étendues *soudaines* commencent à se contracter. Des montagnes lointaines s'élèvent sur le ciel bleu acier en silhouettes dentelées et se rapprochent progressivement de la rivière. Des îles de terre et d'arbres, des pics de roches acérées brisent çà et là l'affreuse monotonie des roseaux ondulants. Enfin, les berges deviennent des murs fermes et nets de sable jaune, bordés par endroits de palmiers et d'arbres ombragés, et partout hérissés de taillis d'épines. Nous quittons le désert de l'humidité, nous approchons du désert de la sécheresse. Mais d'abord, dans une région intermédiaire, de vastes étendues de plaines couvertes de broussailles poussiéreuses, pas totalement impropres à la culture pendant la saison des pluies, et qui abritent toujours des troupeaux, bordent désormais les deux rives de la rivière. Les caravanes de chameaux les traversent lentement sous les flammes et les reflets de la chaleur. Le mirage commence à tordre et brouiller le paysage avec des eaux trompeuses. A des intervalles de quarante ou cinquante milles se trouvent les stations du gouvernement soudanais, chacune soignée et régulière avec ses bâtiments publics, ses entrepôts, les rangées de cabanes en ruche de sa garnison, un enchevêtrement de voiliers indigènes, et toujours, ou presque toujours. , une ou deux canonnières blanches de l'époque de la guerre sont désormais devenues des gendarmes du fleuve.

Ainsi, nous atteignons dans le temps Fachoda – maintenant appelée Kodok en souvenir du bon vieux temps ; et voici des groupes de Shillooks qui (sur demande) se tiennent pensifs sur une jambe dans leur attitude naturelle, et des compagnies intelligentes de troupes soudanaises et d'officiers britanniques, civils et militaires - le tout clairement découpé sous la lumière sèche du soleil, voilé seulement dans des diables de poussière dansants fouettés pitoyablement par des vents chauds et violents. Tout cela était pour moi comme un morceau de la campagne d'Omdurman : le vieux Soudan familier, si souvent fait connaître aux esprits britanniques par la plume, le crayon et la photographie pendant près de vingt ans de guerre, s'est déroulé élément par élément. Et pourtant, nous étions encore à huit cents kilomètres au sud de Khartoum !

UN SHELUK À KODOK (FASHODA).

A Meshra-er-Zeraf, nous nous sommes arrêtés pendant deux jours pour chasser, à l'invitation du Sirdar, dans la vaste réserve de chasse, et avons eu la chance de trouver un buffle et diverses antilopes. Nous errions dans un pays rude, de sable blanc et de touffes d'herbes grossières, plus grises que vertes, avec des épineux noirs et sans feuilles, densément enchevêtrés ; pourtant, cela semblait plein de gibier. Le deuxième matin, en trois heures de marche, j'ai abattu un beau cobe à eau, deux cerfs-roseaux et deux d'un beau troupeau d'antilopes rouannes, qui descendaient lentement vers l'eau devant notre embuscade. Et n'oublions pas que le plaisir et l'excitation d'un tel sport sont toujours accrus dans ces pays par la possibilité qu'à tout moment les chasseurs puissent tomber sur un gibier d'une qualité bien plus sérieuse : lion ou buffle ; de sorte que personne ne se soucie de se trouver à plus de quelques mètres de son lourd fusil ou de se consacrer entièrement au cerf qu'il traque. Ce sont sûrement des gens pervers et peu entreprenants qui dépensent chaque année des fortunes pour conserver, avec tant de soins artificiels et au grand inconvénient des autres habitants d'une petite île, des troupeaux bien comptés de cerfs plus ou moins apprivoisés, alors qu'en un mois, et pendant À moindre coût que le loyer annuel de leurs forêts, ils pouvaient poursuivre des animaux sauvages de toutes sortes dans leurs repaires naturels et acquérir des expériences qui leur dureraient toute leur vie.

J'étais tellement enthousiasmé par le sport de cette joyeuse matinée et par l'approche prochaine des conditions civilisées - car après tout, le contraste est un élément du plaisir - que je me suis permis de me réjouir de l'issue heureuse et sûre de ce long voyage et d'exulter. notre immunité complète contre les accidents graves, les maladies ou même la fièvre. Comme les récits sur les dangers des voyages en Afrique étaient extravagants ! Comme il est facile d'éviter les mauvaises chances de la route ! Des précautions raisonnables, un exercice régulier, de la quinine régulière, n'étaient-ils pas en eux-mêmes des garanties de sécurité ? C'est ainsi que je comptais, et avec des raisons spécieuses, mais à un mauvais moment. Nous n'étions pas encore au terme de notre voyage.

Vingt-quatre heures de route depuis Meshra-er-Zeraf nous ont amenés près de Khartoum. Le caractère du pays est resté inchangé. Les pentes de sable jaune buvaient jusqu'au bord du Nil ; des broussailles épineuses bordaient la rivière de chaque côté ; mais les palmiers dattiers se mêlaient encore plus fréquemment et en plus grand nombre à la végétation, et les villages construits en boue brune avec des populations de couleur boue brune se multipliaient à mesure que les kilomètres s'écoulaient rapidement. Enfin, un arbre solitaire et majestueux, sous les branches spacieuses et le feuillage luxuriant duquel une centaine de personnes auraient pu trouver un abri contre le soleil implacable – l'arbre de Gordon – nous annonça la proximité de Khartoum. Bientôt, d'un côté apparut le vaste labyrinthe de boue d'Omdurman, avec des forêts de mâts s'élevant le long du rivage, et de l'autre, parmi les palmeraies toujours plus épaisses, surgirent les minarets bleus, roses et cramoisis du nouveau Khartoum. Khartoum, la nouvelle Khartoum, surgie de ses ruines dans la richesse et la beauté, une ville souriante assise comme une reine trônant au confluent du Nil, le cœur et le centre d'une autorité vaste et redoutable, se révélait aux yeux du voyageur. Le bateau à vapeur tourne brusquement à droite, quittant les eaux ternes et placides du fleuve souverain que nous avons si longtemps suivi, et s'appuyant sur un courant plus turbulent d'eau plus claire, il remonte le courant le long de son noble feudataire, le Nil Bleu. Et en passant le long de hautes digues de pierre couronnées de palmiers, le paquebot entre dans un port et une ville orientale moderne, et est bientôt entouré de ses palais, de ses mosquées, de ses entrepôts et de ses quais.

LE PALAIS, KHARTOUM.

Près de dix ans se sont écoulés depuis que la domination des Derviches a été irrémédiablement brisée sur le champ d'Omdurman, et chaque année a été accompagnée de progrès constants et remarquables dans tous les domaines de l'activité gouvernementale dans chaque province du Soudan. L'ordre a été établi et est maintenu avec succès, bien que de manière précaire, même dans les régions les plus reculées du Kordofan. Le chemin de fer a atteint la rive sud du Nil Bleu, relie Khartoum au Caire et à la mer Rouge, n'attend plus que la construction d'un pont pour traverser le fleuve et entrer dans les régions fertiles de Ghezireh. Une flotte nombreuse de bateaux à vapeur entretient des communications rapides et régulières le long des grandes voies navigables. Les revenus sont passés de quelques milliers de livres par an en 1899 à bien plus d'un million de livres en 1907. L'amélioration des méthodes agricoles a accru la richesse du pays ; la prévention des massacres et de la famine a commencé à restaurer sa population. L'esclavage a été aboli, et sans offenser la religion ni déranger sérieusement les coutumes du peuple, une mesure d'éducation et de savoir-faire a été introduite.

Ces grands changements qui se manifestent dans tout le Soudan ne se présentent nulle part sous une forme aussi frappante et aussi impressionnante que dans la capitale. Un palais spacieux, situé dans un magnifique jardin, est né des ruines où Gordon a péri. De larges artères éclairées à l'électricité et bordées d'excellents magasins européens traversent la ville avec une précision géométrique. Un système de tramways à vapeur en liaison avec des ferry-boats, fréquentés principalement par les indigènes, rend la communication facile dans tout Khartoum et entre Khartoum, Omdurman et Halfyah. Un demi-cercle de casernes substantielles, disposées selon un schéma défensif, protège les approches vers la terre. Le Gordon College regorge d'activités savantes – musulmanes et chrétiennes, lettres ou artisanat ; et sept mille soldats de toutes tenues défilent devant les drapeaux britanniques et égyptiens lors des cérémonies.

GEORGE SCRRIVINGS.

Pourtant, ni ces faits inspirants – plus impressionnants par rapport à mes souvenirs de dix ans auparavant – ni la gracieuse hospitalité du Sirdar – plus responsable que tout autre homme de l'ensemble de cette formidable tâche de reconstruction et de renaissance – ne devaient m'empêcher de emportant une sombre impression de Khartoum. Alors que notre paquebot approchait de l'embarcadère, j'appris que mon domestique anglais, George Scrrivings, était tombé soudainement malade et le trouva dans un état de prostration avec une étrange couleur bleue sous la peau. De bons médecins ont été convoqués. L'hôpital de Khartoum, avec toutes ses ressources, était à portée de main. Il ne semblait y avoir aucune raison de craindre un licenciement fatal. Mais il avait été saisi d'une violente inflammation interne, conséquence de l'ingestion de quelque chose de venimeux auquel nous avions apparemment échappé, et il mourut tôt le lendemain matin, après quinze heures de maladie, avec presque tous les symptômes du choléra asiatique.

Trop tôt, en effet, j'avais osé me réjouir. L'Afrique réclame toujours ses forfaits ; et ainsi les quatre hommes blancs partis ensemble de Mombasa ne revinrent que trois au Caire. Un enterrement militaire implique l'union des deux rituels les plus impressionnants au monde. Le lendemain de la bataille d'Omdurman, il m'échut d'enterrer les soldats du 21e Lanciers, morts de leurs blessures pendant la nuit. Maintenant, après neuf ans, dans des circonstances très différentes, de l'autre bout de l'Afrique, j'étais revenu dans ce lieu sinistre où tant de sang avait été versé, et je me retrouvais à nouveau debout devant une tombe ouverte, tandis que l'éclat jaune du le soleil disparu s'attardait encore sur le désert, et le bruit des volées funèbres brisait son silence.

Le reste de notre voyage s'étendit sur des terres touristiques, et les confortables wagons-lits du chemin de fer du désert et les agréables paquebots à passagers du Wady Haïfa et d'Assouan nous transportèrent bientôt avec prospérité et sans incident en Haute-Égypte ; et ainsi de suite au Caire, à Londres et ailleurs.

PHILAÉ.

CHAPITRE XI

LE CHEMIN DE FER VICTORIA ET ALBERT

Mon voyage est terminé, l'histoire est racontée, et le lecteur qui l'a suivi si fidèlement et jusqu'à présent a le droit de se demander quel message je rapporte. Cela peut être énoncé en trois mots. Concentrez-vous sur l'Ouganda !

Sur la plus grande partie du quart nord-est de l'Afrique, l'influence ou l'autorité britannique, sous une forme ou une autre, est suprême. Mais quand je pense à toutes ces vastes étendues, à l'exclusion de la seule Egypte, il n'y a aucune région qui offre des perspectives comparables en termes d'espoir à celles du Protectorat de l'Ouganda. Le Soudan est bien plus vaste en étendue et en importance, et la Grande-Bretagne n'en est pas responsable. Mais le Soudan est nettement inférieur en fécondité. Le Protectorat d'Afrique de l'Est possède non seulement d'immenses côtes de grande valeur, mais aussi de nobles plateaux où l'air est frais comme un printemps anglais. Mais nous dépensons déjà pour l'Afrique de l'Est – et pour les besoins de ses coûteux colons blancs – plus que la totalité des revenus de l'Ouganda ; et pourtant, la promesse n'est pas si brillante. Le nord du Somaliland est un désert de rochers et de buissons épineux peuplé de fanatiques armés de fusils, pour lequel nous dépensons près de la moitié de la totalité de la subvention annuelle de l'Ouganda. Et entre le Somaliland et l'Ouganda, ce contraste se présente sous sa forme la plus crue : une terre aride avec des habitants dangereux ; et un pays fertile avec un peuple docile. Ce qui vaut le moins la peine d'être possédé est le plus difficile à conserver ; ce qui vaut le plus la peine d'être possédé est le plus facile.

L'union sous direction scientifique en Ouganda (et j'inclus dans ce nom populaire Usoga, Unyoro, Toro et Ankole, etc.) d'une fécondité inégalée avec une population d'une grande intelligence et qualité sociale, dans une région aux cours d'eau extraordinaires, doit, à moins que certains une erreur ou une négligence grave devrait intervenir et entraîner des développements économiques remarquables. Déjà, plus de la moitié du trafic qui emprunte la voie ferrée jusqu'à Mombasa vient d'au-delà du lac. Pourtant, pratiquement aucun argent n'a été dépensé pour l'Ouganda. Aucune route européenne n'existe, aucune voie ferrée n'a été construite, aucune cascade n'est exploitée, aucun travail public sérieux n'a été entrepris. Une modeste subvention d'aide a à peine suffi à couvrir les coûts quotidiens de l'administration européenne, et pratiquement rien, en espèces ou en crédit, n'a été disponible pour le développement du pays. Mais il est vivant par lui-même. C'est vital; et à mon avis, malgré ses insectes et ses maladies, elle devrait, avec le temps, devenir la plus prospère de toutes nos possessions d'Afrique orientale et centrale, et peut-être le moteur financier de toute cette partie du monde. Mon désir est loin de dénigrer le Protectorat d'Afrique de l'Est, ou de suggérer une diminution de son activité ou de son soutien. Les deux protectorats sont nécessaires l'un à l'autre et doivent avancer ensemble ; mais, compte tenu de leurs positions relatives et compte tenu de la situation telle qu'elle est aujourd'hui, mon conseil est clairement le suivant : « Concentrez-vous sur l'Ouganda ! Nulle part ailleurs en Afrique un peu d'argent n'ira aussi loin. Nulle part ailleurs les résultats ne seront plus brillants, plus substantiels et plus rapidement obtenus.

Le coton, à lui seul, devrait faire la fortune de l'Ouganda. Toutes les meilleures qualités du coton peuvent être cultivées à la plus haute perfection ; cent mille propriétaires terriens intelligents occupant vingt mille milles carrés de sol convenable sont désireux de se lancer dans la culture. Une population industrieuse et organisée offre la main d'œuvre nécessaire. C'est simplement à la demande du gouvernement que du coton a été planté à titre expérimental sur une échelle considérable dans tout l'Ouganda. Les chiffres de la production — même s'ils ne sont bien sûr qu'un début — montrent une expansion surprenante. Il faut faire preuve d'une grande prudence et des mesures ont déjà été prises pour garantir que la qualité du coton exporté d'Ouganda ne soit pas détériorée ou que sa réputation ne soit pas compromise par une action précipitée ou malavisée, que seules les graines qui donnent les meilleurs résultats soient distribuées et qu'aucun un mélange aveugle devrait être autorisé. Le gouvernement doit contrôler la culture. Les experts doivent surveiller les usines d'égrenage et éduquer les cultivateurs indigènes. Des routes doivent être aménagées pour permettre la commercialisation de la récolte. L'organisation scientifique des ressources cotonnières de l'Ouganda est désormais définitivement entreprise. Une subvention spéciale de 10 000 £ par an sera désormais consacrée à cet effet, et l'ensemble du processus sera supervisé par des officiers européens en contact étroit, par l'intermédiaire du Colonial Office, avec les plus hautes autorités de Manchester et la British Cotton-Growing Association. De l'avis des observateurs les plus compétents, les cinq prochaines années verront un développement très remarquable de la production cotonnière, même si les moyens disponibles pour la promouvoir restent minces.

Mais le coton n'est qu'un de ces produits tropicaux pour lesquels la demande de l'industrie civilisée est presque insatiable, et qui ne peut nulle part au monde être cultivé à moindre coût, plus facilement, plus parfaitement qu'entre les eaux des deux grands lacs. Le caoutchouc, les fibres, la cannelle, le cacao, le café, le sucre peuvent tous être cultivés sur la plus grande échelle ; des forêts vierges de bois rares et précieux attendent la hache ; et même si les richesses minières ne donneront peut-être jamais à l'Ouganda sa gloire trépidante, les fondements économiques de sa prospérité reposeront solidement sur une agriculture riche et variée. Cela ne pourra jamais être un pays de colons. Quel que soit le destin des hauts plateaux d'Afrique de l'Est, les rives des grands lacs ne seront jamais la résidence permanente d'une race blanche. C'est une terre de planteurs, où les travaux de la population indigène peuvent être organisés et dirigés par une intelligence supérieure et des capitaux extérieurs. Pour ma part, je me réjouis que les conditions physiques du pays soient telles qu'elles empêchent le développement au sein de l'heureux Ouganda d'une petite communauté blanche, avec les idées dures et égoïstes qui caractérisent le contact jaloux des races et l'exploitation des plus faible. Qu'elle reste une « terre de planteur ». Que les planteurs, au lieu d'être les agents de syndicats enthousiastes dont l'esprit est absorbé par les profits des actionnaires à des milliers de kilomètres de là, soient soit des Européens de substance et de caractère qui ont donné la preuve de leur connaissance des indigènes et de leur capacité à traiter avec habileté et justice les indigènes. ou mieux encore, dis-je, qu'ils soient les agents désintéressés du gouvernement, dirigeant le développement du pays non pas dans leur propre intérêt, ni dans aucun autre intérêt pécuniaire, mais pour le bien général de son peuple et de l'Empire dont il en fait partie.

Mais si l'inflexion immédiate de la politique britannique en Afrique de l'Est doit consister, sans préjudice, mais avec la priorité des autres provinces, à accélérer le développement économique et social de l'Ouganda, quelles sont les premières mesures à prendre ? J'aurais peut-être beaucoup à dire sur la foresterie et l'agriculture ; d'un système étendu d'enseignement technique similaire à celui dispensé au Gordon College de Khartoum, peut-être ici en partie réalisé grâce à des subventions en faveur des écoles missionnaires existantes ; de la construction de routes, indispensable au progrès, des transports automobiles et de l'énergie hydraulique. Mais permettez-moi de rendre mon message bref et clair, et comme précédemment exprimé en trois mots : « Construisez un chemin de fer ».

Les groupes de possessions coloniales qui ont été acquises si rapidement et avec si peu de frais et d'effusion de sang sur les côtes est et ouest de l'Afrique, se révéleront sans aucun doute un élément inestimable, sinon nécessaire, de l'Empire britannique. De ces vastes plantations seront tirées les matières premières de plusieurs de nos industries les plus importantes ; vers eux affluera un train continu et croissant de produits britanniques ; et en eux les dons particuliers pour l'administration et les hautes vertus civiques de notre race peuvent trouver une portée saine et honorable. Certains de ces grands domaines, comme le sud du Nigeria, sur la côte ouest, sont déjà si prospères qu'ils sont non seulement capables de subvenir à leurs propres besoins, mais encore capables d'aider par le crédit et de subventionner le progrès de voisins moins avancés. D'autres sont encore à la charge de nos estimations. Nous sommes chaque année confrontés à des subventions plus ou moins considérables pour le nord du Somaliland, le Protectorat d'Afrique de l'Est, le Nyassaland et l'Ouganda. La charge de capital du chemin de fer ougandais pèse lourdement sur les finances de toute la côte Est. En aucun cas ces taxes ne seront allégées ou supprimées, sauf par l'essor économique d'un ou plusieurs des territoires concernés, ou par la croissance du trafic ferroviaire sur le tronc ougandais consécutive au développement. Dans les conditions actuelles, les progrès réalisés d'année en année sont constants et encourageants. Les charges sur les devis coloniaux diminuent régulièrement chaque année. Chaque année, l'administration des différents gouvernements augmente en complexité, en efficacité et par conséquent en coût. La charge supplémentaire est de plus en plus compensée par le rendement d'un sol reconnaissant. Hormis les risques de guerre, de rébellion, de peste et de famine qui planent sur les débuts des protectorats tropicaux, mais qui peuvent être évités ou contrôlés, il serait facile de calculer une date – pas trop lointaine – à laquelle toute contribution des Britanniques contribuable serait inutile. L'évolution des événements est encourageante ; mais il existe une méthode par laquelle cela peut être rendu beaucoup plus sûr et bien plus rapide, par laquelle toutes les chances défavorables sont minimisées et toutes les ressources existantes stimulées et multipliées : les chemins de fer.

J'irais jusqu'à dire que ce n'est qu'une perte de temps et d'argent que de vouloir gouverner, ou plus encore développer, une grande possession africaine sans chemin de fer. Il ne peut y avoir de sécurité, de progrès ou de prospérité sans au moins une ligne centrale de communication rapide traversant le cœur du pays. Là où, comme dans le nord du Somaliland, la terre elle-même n'a aucune valeur, n'est qu'un simple désert de rochers et de broussailles, ou là où les dangers militaires sont excessifs et totalement disproportionnés par rapport aux résultats qui peuvent un jour être récoltés, le retrait et la concentration sont la véritable politique. Mais si, pour une raison quelconque, on décide de rester et d'administrer, un chemin de fer devient la première des nécessités absolues. Jusque-là, tout gouvernement civilisé est extravagant et précaire, et tout commerce rentable est pratiquement impossible. Ces considérations ont récemment conduit un gouvernement britannique à approuver les vastes chemins de fer, longs de près de 600 milles, actuellement en construction rapide dans le nord et le sud du Nigeria ; et les mêmes arguments s'appliquent, quoique à mon avis avec une force accrue, au protectorat ougandais.

On ne réalise généralement pas que le chemin de fer ougandais ne passe pas par l'Ouganda. Il s'agit du chemin de fer *vers* l'Ouganda et non *de* l'Ouganda. Il s'arrête avant la terre d'où il tire son nom et tombe épuisé par ses efforts et ses vicissitudes, se contentant de laper fébrilement les eaux du Victoria Nyanza. L'Ouganda est atteint, mais n'est traversé par aucune communication à vapeur. Pourtant, l'extension du chemin de fer depuis les rives occidentales du Victoria jusqu'à l'Albert Nyanza non seulement le ferait traverser une grande partie des pays les plus précieux et les plus fertiles de son rayon, mais, comme je le montrerai, pourrait bien plus que doubler sa portée effective.

On peut considérer comme un axiome que, dans l'état actuel de développement de ces protectorats africains, il ne vaut presque jamais la peine, et même je pense que jamais, de construire des chemins de fer en concurrence avec les voies navigables. Les chemins de fer devraient, dans les nouveaux pays, compléter et non remplacer les lacs et les rivières navigables. Sans aucun doute, les voies de chemin de fer directes, où le volume n'est pas rompu et où tous les retards et changements sont évités, présentent un avantage imposant par rapport à une simple alternance d'étapes fluviales et de liaisons ferroviaires. Il ne pourrait y avoir aucun doute sur ce qui est le meilleur si seulement on laissait de côté la question du coût. Mais c'est justement cette question du coût, incontournable, qui domine haut et fort la proposition depuis le début. Car les pays de première classe peuvent se permettre des chemins de fer et *des trains de luxe* de première classe , mais les pays de seconde classe doivent être moins ambitieux, et les jeunes pays nés dans la jungle sont satisfaits, ou devraient l'être, s'ils disposent d'un chemin de fer. Les différences entre le meilleur chemin de fer du monde et le pire sont sans aucun doute impressionnantes ; mais ils deviennent tout à fait insignifiants si on les compare à la différence entre le pire chemin de fer du monde et pas de chemin de fer du tout. En effet, la comparaison ne s'applique pas aux lignes de communication européennes parfaites, ni à quelque chose de semblable, ni même à un chariot sur une route à péage. C'est à une lignée de coolies chancelants, d'hommes réduits à l'état de bêtes de somme, qui couraient, grognaient, haletant, et qui chancelaient, qu'il fallait comparer la nouvelle lignée des pionniers, c'est-à-dire à la méthode de transport la plus douloureuse, la plus dégradante, la plus lente et la plus faible. transport qui a toujours déshonoré le monde. Et comparé à cela, toute ligne de communication à vapeur, aussi primitive, aussi légère soit-elle, aussi interrompue soit-elle, est le paradis.

Je m'efforce de guider le lecteur vers une proposition positive de caractère modeste et pratique, je veux dire la construction d'un nouveau chemin de fer qui pourrait s'appeler "Le chemin de fer Victoria et Albert", bien qu'il s'agisse virtuellement d'une extension de la ligne ougandaise existante. . Ce chemin de fer devra parcourir le pays entre les grands lacs et relier ces deux nobles réservoirs avec toutes leurs liaisons fluviales respectives. La distance n'est pas grande. Deux cent cinquante milles dépasseraient le plus grand calcul ; et peut-être qu'une ligne de cent cinquante milles suffirait. Si le coût de ce chemin de fer était estimé, comme je sais qu'il est raisonnable, à un chiffre maximum de 5 000 £ par mile, la somme totale en jeu serait comprise entre 1 250 000 £ et 750 000 £.

L'avantage suprême de faire déboucher un chemin de fer sur un grand lac, c'est que chaque point de la rive du lac est instantanément mis en communication presque égale avec la tête de ligne. Les bateaux à vapeur font des circuits circulaires, et tout ce que le commerce ou le trafic peut offrir sur toute la circonférence est transporté rapidement jusqu'au chemin de fer. Les lacs sont en effet des bassins versants d'échanges commerciaux, et c'est en les exploitant et en les unissant que la vie économique de l'Afrique centrale peut être stimulée le plus facilement et le plus rapidement.

Deux itinéraires présentent divers avantages concurrents pour le chemin de fer Victoria and Albert. Le premier, le plus évident, le plus désirable et le plus cher, traverse directement les hauts plateaux de Toro, à travers le meilleur de la région cotonnière, depuis un point du lac Victoria, dans le quartier d'Entebbe, jusqu'à l'endroit où la rivière Semliki se jette dans le extrémité sud du lac Albert. La seconde suivrait pratiquement les traces enregistrées dans ces pages. Il ne propose pas de ligne directe. Il ne traverse pas dans toute sa longueur des terres cultivées et habitées. Il n'atteint pas le lac Albert par l'extrémité la plus pratique. Mais c'est beaucoup moins cher que l'autre. Il n'a que 135 milles de long au lieu de près de 250. Il relie non seulement les deux grands lacs, mais aussi le lac Chioga avec tous ses canaux et affluents, dans un système de communication à vapeur ininterrompu.

En bref, ce dernier projet consisterait en deux liaisons ferroviaires : la première longue d'environ soixante-quinze milles depuis Jinja (ou Ripon Falls) jusqu'à Kakindu, le premier point où le Nil Victoria devient navigable ; la seconde longue d'environ soixante-quinze milles à partir du quartier de Mruli jusqu'au Nil en aval des chutes Murchison et près de son embouchure sur l'Albert. Par ces deux tronçons de chemin de fer, d'une longueur totale de seulement 135 milles, une étendue merveilleuse de voies navigables serait contrôlée ; à savoir : 1. Trente milles du Nil Victoria navigables de Kakindu au lac Chioga. 2. Le lac Chioga lui-même, avec ses longs bras et ses golfes s'étendant profondément dans l'ensemble des régions fertiles au sud-ouest du mont Elgon, et offrant un périmètre de côte navigable accessible aux bateaux à vapeur, d'au moins 250 milles. 3. Tout ce tronçon du Nil Victoria navigable depuis le lac Chioga jusqu'à Foweira lorsque recommencent les rapides se terminant dans les chutes Murchison : 70 milles. 4. Trente milles du dessous des chutes jusqu'au lac Albert. 5. L'ensemble des rives du lac Albert : 250 milles. 6. La rivière Semliki navigable (une fois un banc de sable franchi) sur soixante milles. 7. Le glorieux tronçon ouvert du Nil Blanc, du lac Albert à Nimule : 120 milles. Ainsi, par la construction de seulement 135 milles de chemin de fer, une communication moderne et rapide serait établie sur une portée totale de 800 milles : soit pour un ajout d'un cinquième à sa longueur et d'un huitième à son coût, le rayon effectif du chemin de fer ougandais. serait plus que doublé. De telles propositions ferroviaires sont rares.

Je ne préjuge pas du choix de ces deux itinéraires. Les deux font désormais l'objet d'une étude minutieuse. Les avantages de la ligne plus longue et plus ambitieuse sur Toro sont peut-être supérieurs. Mais le coût est également presque deux fois plus élevé ; et le coût est un facteur vital, non seulement pour le gouvernement appelé à trouver de l'argent, mais encore plus pour la solidité commerciale d'une entreprise qui est définitivement paralysée, si l'on permet à ses charges initiales de capital de dépasser notablement ce que les bénéfices estimés permettraient de supporter. Il s'agit d'une question qui nécessitera un examen sérieux et patient, le meilleur équilibre entre les avantages concurrentiels, les compromis les plus doux entre le pratique et l'idéal.

Mais attendons maintenant avec impatience le temps – qui n'est pas éloigné, j'espère – où, par une route ou une autre, la distance entre les lacs Victoria et Albert sera franchie par un chemin de fer, et où les Montagnes de la Lune seront à peine à quatre jours de distance. 'voyage depuis Mombasa. Le gouvernement britannique disposera alors de la route la plus courte vers l'est du Congo. Le chemin de fer ougandais sera en mesure d'offrir des tarifs pour les marchandises et le matériel ferroviaire avec lesquels aucune autre ligne qui pourra jamais être construite ne pourra jamais rivaliser. L'ensemble de ce commerce déjà considérable, quoique encore étouffé, qui remonte faiblement à travers la moitié de l'Afrique par Boma jusqu'à l'Atlantique, qui cherche désespérément un débouché vers le nord, et qui s'infiltre aujourd'hui au compte-goutte à travers l'Ouganda, s'écoulera rapidement. et abondamment au bénéfice de toutes les parties concernées le long du tronc ougandais, élevant cette ligne avec une impulsion constante du *statut* de chemin de fer politique au niveau d'une entreprise commerciale solide. Le contribuable britannique ne pourra en aucun cas récupérer son capital. Les avantages sont grands et les dépenses modérées. Des considérations plus vastes pourraient retarder la construction, et la nécessité impérative d'enquêtes plus complètes retarderait de toute façon la construction ; mais je ne peux pas douter que le chemin de fer Victoria et Albert soit aujourd'hui le projet le plus important en attente d'exécution dans l'ensemble de ce groupe de Protectorats que Sir Frederick Lugard appelait fièrement « notre Empire d'Afrique de l'Est ».

Mais allons plus loin dans le développement des communications de l'Afrique du Nord-Est. Lorsqu'une extension du chemin de fer ougandais aura atteint l'Albert Nyanza, il ne manquera qu'un seul maillon pour relier l'ensemble du système ferroviaire et fluvial de l'Afrique de l'Est et de l'Ouganda à l'énorme système de chemins de fer et de voies fluviales de l'Égypte et du Soudan, pour relier l'Ouganda avec le chemin de fer du Désert, pour joindre la navigation des grands lacs à la navigation des Nils Bleu et Blanc. Il ne manquera qu'un seul maillon, et celui-ci est très court ; la distance de 110 milles de Nimule à Gondokoro, où le Nil est interrompu par des cataractes. De l'utilité commerciale d'un tel lien *en soi*, je n'ai rien à dire ; mais comme moyen de marier deux gigantesques systèmes de communication à vapeur, il revêtira un jour une grande importance ; et par la suite, sur tout le quart nord-est du continent africain, sous l'influence ou l'autorité de la Couronne britannique, comprenant un kilométrage total par chemin de fer et par fleuve d'environ 20 000 milles, une communication à vapeur ininterrompue prévaudra.

Les aventureux et les imaginatifs peuvent regarder au-delà de ces étapes compactes et réalisables vers une région plus reculée et spéculative. Peut-être qu'au moment où la jonction entre les systèmes ferroviaires et fluviaux de l'Ouganda et du Soudan aura été réalisée, le chemin de fer du Cap de Rhodes au Caire aura atteint l'extrémité sud du lac Tanganyika : et alors une seule interruption relativement courte empêchera une ligne transcontinentale complète. sinon entièrement du chemin de fer, du moins du trafic à vapeur et des voyages confortables et rapides.

Alors, il sera peut-être temps de faire un autre voyage ; mais comme le lecteur, qui veillera sans doute à s'assurer un billet touristique de première classe, n'aura plus besoin de mes services de guide, j'en profiterai pour lui faire ma révérence.

NOTE DE BAS DE PAGE

[1] "Je suis informé par la courtoisie de M. Lydekker du British Natural History Museum, que le vrai nom du rhinocéros blanc trouvé en Ouganda est *Rhinoceros Simus Cottoni* . 'Rhinocéros blanc de Burchell' est la désignation de la race du sud ; mais j'ai conservé dans le texte le nom couramment utilisé en Ouganda.

www.ingramcontent.com/pod-product-compliance
Lightning Source LLC
LaVergne TN
LVHW042159190726
843493LV00006B/1744